闘走心

一戦一勝一瞬に身を捧げる覚悟

田中隼磨

松本山雅FC

KANZEN

闘走心

一戦一勝一瞬に身を捧げる覚悟

田中隼磨

闘走心　一戦一勝一瞬に身を捧げる覚悟

CONTENTS

もともと野球少年として育ち、
ピッチャーを務めていた。

スポーツ経験豊富な幼少期、サッカーもそのひとつ。

本格的にサッカーをはじめ、頭角を現していった。

1994

1994年、全国大会に出場。
（前列左から4番目）

松本ヴェガでは主将として、
ジュニアユースを過ごした。

県内でも屈指の選手として、
チームをけん引していった。

全国クラブユース（U-15）選手権、横浜F・マリノスとの対戦。

ユースよりJアカデミー、
横浜フリューゲルスに加入。

横浜F・マリノスのユースに移り
01年にトップチーム昇格。

合併に伴いアカデミー
は解体された。

2006

2002

02年、東京ヴェルディへ。
期限付き移籍を経験した。

06年、オシム監督のもとで、
日本代表に初招集。

五輪出場候補選手として、
アンダー世代の代表を経験。

横浜F・マリノスで、
04年の年間優勝に貢献。

10年、名古屋グランパスでリーグ制覇。

14年から現在、松本山雅FCに所属。

はじめに――夢物語から叶える夢

田中隼磨

Jクラブのない街に生まれた少年時代、リーグ草創期のスタジアムは遠い存在でした。そもそも長野県はサッカーが盛んではなく、全国的に見れば「後進地」と呼ばれても仕方のない土地柄。そんな松本で私がサッカーを本格的に始めた直接のきっかけは、肩を壊してしまって野球ができなくなってしまったからでした。

でも、そんな巡り合わせで始めたサッカーは楽しいスポーツでした。そして「プロサッカー選手になるんだ」と遠い夢を本気で抱きました。ただ、自分に特別な才能があると思っていたわけでもなく、だからこそ他人よりも努力しなければいけないと強く思ってきました。それは今でも変わりません。

でも当時の松本には、プロを目指すだけの環境がありませんでした。だから、中学校3年生の夏に横浜フリューゲルスユースに進みました。そこから本当に大きな出会いが数え切れないほどありました。恩師に当たる安達亮さんからサッカーのイロハを教わったのに始まり、三浦淳宏さん、川口能活さん、遠藤保仁さん、そして松田直樹さん。挙げればきりがないほど多くの偉大な先輩方の叱咤激励を受けながら可愛がってもらうことができ、そのおかげがあってこそ成長することができたのだと思っています。そして努力を続けるのはもちろん、「闘う」ことの大切さも学びました。努力をするのは当然で、常に闘う姿勢を見せなければプロの世界では生きていけない。そして闘いの後には、勝利という結果を導き出さなければいけない。そんなことを肌で感じながら夢はやがて目標に変わり、横浜F・マリノスでプロになることができました。「サッカーの根付いていない街に生まれた」という逆境からでも、かなえることができたのです。その後はマリノスと名古屋グランパスで、J1優勝というかけがえのない経験をしました。

でもそうしているうちに、長く離れていた故郷に「異変」が起こっていました。松本山雅FCというクラブの存在です。21世紀初頭。サッカー専用のスタジアム・松本平広域公園総合球技場（アルウィン）を拠点に、Jリーグ参入を目指し始めていたのです。私自身が「プロサッカー選手になりたい」と願った当初と同じように、最初は本当にはるか遠い夢物語だったに違いありません。それでも実現を本気で目指して熱意を絶やさず、

２０１１年にはついにJ2昇格を果たしました。

しかも、ただ参入したというだけではありません。私も背中を追っていた松田直樹さんが11年にマリノスから電撃的に移籍し、その年の8月に急逝してしまった場所。それ以前からすでにサポーターの盛り上がりぶりも年々増していると聞いていました。私が生まれ育った当時には、想像することもできなかったことです。

そうこうしているうちに、自分のサッカー人生にも転機がやってきました。２０１３年、当時所属していたグランパスから契約満了を告げられてしまったのです。そして届いた、J２山雅からのオファー。まだまだ身体はしっかり動くし、これからも成長できると感じていた矢先の出来事でした。

そこで、「今だからこそ戻ってできることがある」と考えました。自分にとって特別な場所にある成長途中のクラブを、さらなる高みに導くこと。ピッチでのプレーを通じ、子どもたちに夢を持ってもらうこと。あきらめずに目標を追い続ける大事さを知ってもらうこと。故郷のファン、サポーターの皆さんの前で闘っている姿を見せ、かけがえのない信頼関係を築いていくこと。それら全てのことを思って、緑色のユニフォームに袖を通しました。

加入して1年目の2014年にはクラブ初のJ1昇格を決めることができました。翌15年には力及ばずJ2降格という本当に苦しい経験もしましたが、クラブにとっても私自身にとっても、物語はまだ終わっていません。成功に向けたチャレンジの途中にいます。

本書の出版企画を初めて聞いたとき、正直「私の人生は本になる価値があるのかな？」と思いました。でも、こうも考えました。自分の歩んできた道のりを改めて文章という形で伝えることで、読んでくださった方々の人生に前向きな力を吹き込むことができるかもしれない。夢に向かって頑張る子どもたちを、さらに後押しできるかもしれない。そう思って、受けさせてもらうことにしました。

何もサッカーだけに限らず、夢や目標を持つこと、その実現に向かって突き進むことは、一度きりの人生を豊かに彩ってくれます。子どもたちだけでなく、大人にだって同じことが言えると思います。それに向かう途中にはもちろん、さまざまな逆境や試練があるはずです。そうしたハードルをどうやって乗り越えて、その先に何があるのか。私が歩んできた道のりをたどってもらうことで、何かしらのヒントを得て頂ければありがたいと思います。

サッカー選手はあくまでもピッチ内のプレーで評価される存在です。それを見て何を感じ、どうするのかは受け手の方々次第。この関係性は、たとえ書籍であっても変わりません。目標に向かって一心に突き進むこと、どんな逆境でも跳ね返そうという強い意志を持つこと。サッカーだけに限らず、体を動かすのはいつだって心です。そのハートを強く持ち続ける大切さを、本書に詰め込んだつもりです。手に取ってくださった方々が「何か」を感じ、それぞれの人生のささやかな糧になれれば幸いです。

それと同時に、これまでの人生の中でお世話になった数え切れないほどの方々に感謝を伝える意味も込めました。人はたった一人では生きられず、多くの人に支えられ、刺激されながら前を向いていける存在だと感じています。両親、妻、子ども、選手、監督、ファン、サポーター。私を育ててくれ、そう思わせてくれた周囲の全ての方々に、本書を捧げます。

序章

覚悟

新天地・松本山雅FCを選んだ理由

▼契約満了の宣告

2013年10月下旬。

夜8時頃、何気なく出た1本の電話に思わず耳を疑った。相手は10年来の付き合いがあるいつもの代理人だった。

「名古屋グランパスは来季の契約を結ばない意向でいる。隼磨の背中を見てきた若手に出場のチャンスを与えたいという考えを持っているようだ」

確かにその年のグランパスは、思うように勝ち点を積み重ねることができずにいた。前半戦で5連敗したのも響いてしまい、最終的には11位という不本意な結果に終わった。

ただクラブ側から「契約満了」の意思を伝えられたその時点で、全試合に先発していたフィールドプレーヤーはチーム内で自分1人だけ。右サイドバックとしてフル回転し、自分個人としてはまずまずのパフォーマンスを継続して出せていたつもりだった。

それだけに契約満了を告げられた瞬間から、どう表現したらいいのかわからないほど、人生で初めて味わうような感情になっていた。「なぜ？　どうして？　世代交代？」。グランパスの中で、誰よりもチームのために闘い続けてきたつもりだった。「それが間違いだったのか？」いや、違う。「万年中位」なんて揶揄されていたチームをリーグ屈指の強豪にまで引き上げられるように闘った。実際に10年には優勝した。「胸を張っていいはずだ。でも、やってきたことを評価されたうえでの判断なのか？」。

これまで31年間の人生の中でも、一番と言っていいほど厳しい現実を突きつけられた。色々な思いがよぎって、正直、しばらくは寝られない日々が続いてしまった。

しかもチーム内でのポジション争いを通じて台頭してきた若手にスタメンを奪い取られてクラブを追われるのならまだ「自分に力がないだけだ」と納得できるというものだけれども、そういうわけでもない。競争も何もないまま、ただポジションを明け渡してほしいというメッセージだ。プロサッカー選手たるもの、チーム内でポジションを争って勝ち取り、ピッチに立って結果を出して初めて良しとされる存在じゃなかったのか——。

横浜マリノスで初めてプロ契約をした高校3年の時からそれが当たり前の環境でもまれ続け、だからこそ厳しいプロの世界をここまで生き抜いてこられたつもりでいた。それなのに、チーム内競争に勝っている状況での契約満了だという。

「悔しい」「悲しい」「無念だ」——。

そんなシンプルな感情はとうに通り越していた。

「プロって果たして何なんだろう」

そんな思いが、頭の中で渦巻いては消えていった。

クラブ側にしてみれば、財政面などでの問題を解消するための苦肉の策だったのかもしれない。自分と一緒に契約満了になったマス（増川隆洋）とアベショー（阿部翔平）は2人とも、2010年にグランパスがJ1を初制覇した時に4バックを組んでいたチームメイト。「若手重視」も方便の一つだったのだろう。それに今振り返ると、この出来事を外から見れば「グランパスは起用され続けている選手が突然切られてしまうクラブなんだ」と思われるリスクも承知の上での判断だったのではないかと思う。08年から指揮を執って

6年目になっていたピクシー（ドラガン・ストイコビッチ監督）の退任も公になっていて、それと同時にチームの一新を図るつもりだったと考えることもできる。そうは言っても、グランパスのファンやサポーターにはどうやって説明すればいいのだろう？

▼新天地・松本山雅FC

リーグ戦はあと3試合を残している状態。公式発表より先行する格好でスポーツ紙などに「名古屋　人件費大幅削減で放出か」「31歳元代表DF　名古屋を退団へ」などという見出しでニュースが出た。そして11月22日に「契約満了」の公式発表がリリースされると、その後はサポーター有志が再契約を求める署名活動を熱心にしてくれていた。ファンやサポーターとの絆を大切にしてきた自分にとっては、そのことを本当にありがたいと感じていた。ただ、彼らの熱意に対しては申し訳ないと思いつつ、すぐに切り替えて次の道を決めることにしていた。その時点ではもう、グランパスのフロント陣に対するわだかまりやマイナス感情もなかった。

新天地を探すことが必要になってくるとはいえ、シーズンが終わるまではあくまでもグランパスの一員だ。与えられた場所で常に100％のパフォーマンスを出すことが自分なりのプロのあり方だと思っていたから、目の前の試合に全力を注げるよう、他クラブとは接触しないでおくことを決めていた。

ただ、J1の3クラブとJ2のとある1クラブから興味や具体的な条件提示があることだけは代理人づてに聞いていた。自分もその「とあるJ2クラブ」にものすごく強い興味を持っていたので、そこと一番初めに会いたいという旨を代理人に伝えておいた。

松本山雅FC。

生まれ育った街の新興勢力だ。「山雅」という名前自体は、小さいころから地元の社会人チームの名前として知っていた。その後にJリーグ参入を目指し始めたことはいつの頃からか耳に入ってきて、JFL時代からとあるごとに試合結果を気に掛けてチェックしたりしていた。

そうしたら横浜F・マリノス時代に背中を追っていた元日本代表DFのマツさん（松田直樹）が2011年に加入し、その年の8月4日に急性心筋梗塞で天国に旅立ってしまった。その年に奇跡的な追い上げでJ2昇格を決めて、サポーターの盛り上がりぶりも年々増していると聞いていた。しかも山雅のGMを務めているのは、自分の中学生時代にスカウトとしてヴェルディ川崎（当時）のユースへ熱心に勧誘してくれた加藤善之さん。

興味が湧かないはずがなかった。

とはいえグランパスにいた13年までの5年間は、そこをもっと良いクラブにすること、常勝軍団にすることに全精力を注いでいた。ピクシーの熱心な誘いを受けて09年に加入したときの記者会見では「名古屋に骨を埋めるつもりで来ました」ときっぱり言ったし、もちろん心底そのつもりでいた。実際にナラさん（楢崎正剛）やトゥー（田中マルクス闘莉王）などのチームメイトと一緒に素晴らしい時間を過ごし、入った最初の09年はAFCチャンピオンズリーグ（ACL）ベスト4と天皇杯準優勝。10年には念願のJ1初優勝を果たし、翌11年にはゼロックススーパーカップで鹿島アントラーズにPK勝ち。その年のリーグ戦で勝ち点わずか1点及ばずに柏レイソルに優勝をさらわれて以降は徐々に成績も下がっていて、特に13年はケガ人が出るなどしてなかなか成績が伴わないシーズンを送らざるを得なかった。しかしそんな苦しいチーム事情の中でも、自分自身としては決してやりがいを失うことなくプレーすることができていた。

ただそれと同時に、生まれ故郷でサッカーの大きなうねりを生み始めているクラブへの興味がどうしても強くなってきていたのも事実だ。

2001年にアルウィン（長野県松本平広域公園総合球技場）というスタジアムができて、02年の日韓ワールドカップではパラグアイ代表のキャンプ地になった。そのときに「こんな立派なスタジアムがあるのに、なぜここをホームにするプロクラブがないのか」というパラグアイ代表GK・チラベルトの言葉がきっかけの一つになって機運が高まり、本気でJリーグ入りを目指し始めたという。JFLより下の北信越リーグ時代には天皇杯で湘南ベルマーレや浦和レッズを倒してちょっとした話題になって、それもニュースで知っていた。もちろん歩んできた道は決して簡単じゃなかったと思うけれど、外から見ている限りではものすごいスピード感で成長しているように映っていた。そして実際、Ｊ２参入２年目のこの年には最終節までＪ１昇格プレーオフ争いに絡むほどになっていた。

「いつか山雅のユニフォームを着て試合をしたい」

グランパスの赤いユニフォームに袖を通しながらも、その思いが心の奥底で種火のようにくすぶっていたことはどうしても否定できない。だから、そのタイミングで名古屋から契約満了を告げられたことも、ある意味では運命的な巡り合わせだったのかもしれないと前向きに捉えていた。自分が一番に山雅と接触したがっているのと同じように、「山雅が一番に会いたいと言っている」ということも代理人から聞いていた。その段階で早くも相思相愛だった。

自分が松本で生まれ育った時代、プロサッカー選手を目指す環境がなくて県外に成長の場を求めざるを得なかった。だからこそ「地元にプロチームがあればいいのに」と思いながら横浜フリューゲルス（当時）のユースに進んだ。

そうしたらものすごい勢いで山雅が台頭してきて、自分がいた当時には考えられないくらいサッカー熱が沸騰してきている。

その途中にマツさんがマリノスから移籍してきて、志半ばで逝ってしまった。

そしてその山雅では、加藤さんがGMを務めている。

すべての点が線となってつながり、その行き先は松本の方角を指しているような気がした。

だから、今だから言えることだけれど、山雅側と面談する前から自分の意思は固まっていた。どれだけ考えても考えても、緑色のユニフォームを着てアルウィンのピッチで闘っている姿しか想像できなかった。

それに奥さんの一言がとどめを刺した。横浜で生まれ育った都会っ子なのに、こう言ってくれたからだ。

「松本で生まれたんだから、体が動く一番良いタイミングで戻るのが隼磨らしいと思うよ。家族みんなで松本に行こう。長野県に、そして松本に恩返しをしないとね」

普通に考えたら、給料が高くて環境も恵まれているJ1クラブを勧めたがるのが当然だし、妻の立場にとっても夫の所属クラブのブランドはステータスになるはずだ。もっと言ってしまえば、住み慣れた都会を離れて未体験の地方暮らしをするのに抵抗があっても不思議じゃない。

それなのに、やりがいを何よりも求めてしまう自分の性格を誰よりもよく分かってくれていて、力強く背中を押してくれた。しかもまだ山雅側と接触していないし、条件提示も環境も何も知らない状態なのに。もちろん自分自身でさえも、山雅の選手やサッカーの内容、練習環境など何も知らないに等しかった。

けれども奥さんからその言葉をもらった時点で、もう決意は揺るぎないほど固まっていた。

▼郷土で求めたやりがい

ただ、この件を相談した周囲のサッカー関係者たちはほとんどが「反対」という意見だった。

まずマリノス時代の先輩で２００４年のチャンピオンシップ優勝を一緒に経験した松田直樹メモリアル理事の安永聡太郎さんには「日本のトップリーグはあくまでＪ１で、日本のサッカー選手全員がそこを目指してプレーしている。それなのにお前はＪ１からオファーがあるのに、それを蹴ってまでわざわざＪ２を選んでいいわけがない」と強く反対された。

同じ04年のマリノスでプレーし、それ以降も頻繁に交流のあった佐藤由紀彦さんはＪＦＬ時代の09年から長くＪ２のＶ・ファーレン長崎でプレーしていたのでちょっと意見も違っていて、「Ｊ２は今までの環境とは全く違うからこそ、考え方も変わってくる。いちサッカー選手として幅を広げるには、将来のことも見据えれば良い選択肢かもしれない」と言ってくれた。ただし、やっぱり「まだちょっとタイミングは早いと思う」とクギは刺された。ナラさんも、マリノスと東京ヴェルディで計2年半の間同じチームにいた三浦淳宏さんももちろん反対。グランパスで3年半苦楽を共にし、その年に栃木SCでJ2を経験していたアレックス（三都主アレサンドロ）に至っては「ノーノー、お前はJ1しか行っちゃダメだ」と本気で怒ってきた。冷静に考えれば、どれも当然の意見だったと思う。

しかしこれだけの反対意見に囲まれてもなお、「山雅でプレーしたい」という思いに一点の曇りもなかった。むしろ「やってやろう」と奮い立ってしまうほどだった。

もしかしたら、今が一番経験も身体のキレも良い状態かもしれない。J1でも十分にやれる時期だからこそ、なおさら生まれ故郷に戻ってプレーを披露したい。そうすることでしか伝えられないこともあるし、長野県の、そして松本の子どもたちやファンとサポーターに夢を与えられる。J1で十分に戦えるだけのクオリティーでプレーできなくなった後、温情を掛けられるようにして故郷のJ2クラブに迎えられるのとはわけが違う。

そして2013年のJ1最終節が終わった2日後の12月9日。株式会社松本山雅の大月弘士社長、八木誠副社長（いずれも当時）、そして加藤GMと名古屋市内で面談した。

もちろん――と言ってはなんだけど、J1の他クラブと比べたら条件提示は山雅が一番低かった。けれども、そんなことは自分の中では何の問題にもならない。交渉のテーブルでは色々と大切な話をされたけれども、自分の決意はもうすっかり固まっていた。J1だからだとか条件がどうだからとかは二の次。とにかく強いやりがいを感じさせてくれる場を欲していて、山雅がまさにそれだった。一番初めに会いたがってくれたし、自分も一番初めに会いたいと願った。それだけで十分だと思った。

ただその中で一つだけ、自分1人ではどうしても決められないことがあった。八木副社長から「背番号3をつけてほしい」という打診を受けたことだ。

山雅の背番号「3」は、マツさんが背負ったまま空いていた番号。それを受け継ぐことに対して重圧は感じなかったけれど、色んな人に筋を通してからでないとそれはちょっと背負えない。自分自身も「山雅の背番号3」が持つ意味を受け止め、しっかり腹をくくらなければいけない。もちろん将来的に自分の後に続く選手も、それを「重い」と感じるようだったらそもそも背負うべき番号じゃないと思っている。

だからまずは群馬県にあるマツさんの実家に直接行って、お母さんとお姉さんに意見を仰いだ。「松本山雅FCからオファーがあり、その中で背番号3をつけてほしいという話をもらいました。どう思いますか」。そうしたら2人とも「隼磨君なら前向きに付けることができると思うし、ぜひそうしてほしい。辛いことがあったら私たちの顔を思い出して」と応えてくれた。マツさんゆかりの先輩たちにも電話してアドバイスを求めた。安永さんも佐藤さんも「お前がつけるのなら、直樹も喜んでくれると思う」とうなずいてくれた。もちろん、心の中では「まだJ1でやれるだけの力があるのだから、わざわざJ2のクラブに行くなんて時期尚早だ」と感じていたに違いないけれども。

▼「覚悟」をもってきた

新天地は決まった。しかも即断即決という形だから、興味を示してくれた他のJ1クラブとは一切会っていない。そして12月31日の大みそか。山雅の大月社長に電話をして、「お世話になります」と移籍の意思を伝えた。自分の人生のことだからじっくり時間を掛け、覚悟をいっそう強く固めてその日になった。

実家を出て一人で横浜フリューゲルスユースの寮へ旅立っていった15歳、中学3年生の夏以来16年ぶりとなる松本での生活。街中の景色も冬場の厳しい寒さもあまり記憶には残っていなかったけれど、やっぱりそこは自分が生まれ育った特別な場所だという思いが強かった。

年が明けた2014年1月6日。

山雅の流儀にならって大安の日に市内のホテルで加入記者会見が組まれた。地元のメディアがたくさん来てくれて1時間近くの長丁場になったその会見の中で、「覚悟を持って山雅に来た」ということを何度か口にした。もちろん、これまで14年間のプロ生活の中でも、自分は常にやりがいを求めて覚悟を持ってサッカーと向き合ってきたつもりでいた。それでも山雅でのチャレンジは、今までで一番の「覚悟」が問われるんじゃないかという予感が十分すぎるほどあった。

そこに込めた「覚悟」とは何か。

初めて経験するＪ２で、今までの環境と比べたら想像もつかないような事態に出くわす可能性が高いこと。

練習環境も今までとは雲泥の差で恵まれていない中でも、それを全て受け入れてやり抜くこと。

チームメイトや相手の実力も落ちるだろう別世界のリーグに入っていき、それを受け入れつつ自分の力をしっかり出すこと。

ソリさん（反町康治監督）が目指しているサッカーのスタイルと戦術に沿うようプレーすること。

マリノス時代に背中を追っていたマツさんとの縁や思いを、事あるごとにメディアから問われ続けるだろうこと。

地元出身だからという理由で必要以上に注目を浴び、もしかすると私生活が窮屈になる可能性があること。

そうした思いを全部、「覚悟」という2文字に詰め込んだ。

自分が生まれ育った時代にはなかったプロチームのユニフォームに身を包んで、子どもたちに夢を与えることができる。J1でも戦えるだけのクオリティーをピッチで示し、成長途上の山雅をより高い場所に導くことができる。これ以上のやりがいを感じられる新天地は、他には考えられなかった。

山雅のサッカーは特に日々のトレーニングが厳しいと聞いていた。今まではそんな環境にいなかったから、新たな環境にすぐフィットできるようにシーズンオフの12月から自主的にきっちり走り込んで、ケガをしない身体をつくっておいた。山雅の試合もできる限り映像で見直して、あらかじめイメージを膨らませておくようにした。

「覚悟と情熱を持って、山雅で闘う」

強い決意を胸に秘め、新たなチャレンジのスタートラインに立った。

第1章 故郷

「サッカー」がまだない時代の夢

▼松本で生まれた野球少年

そもそも松本に生まれ育った当時、そこにサッカーの熱は全くと言っていいほどなかった。サッカーの「サ」の字もないような場所だった。当の自分自身も、将来の夢はプロ野球選手。高校の硬式野球でピッチャーをしていた父の影響を強く受けて、物心がついた時から兄とともに野球漬けの日々を送っていた。

父の早起き野球についていったし、休日の午前中は必ずと言っていいほどバッティングセンターに連れて行ってもらった。兄はバットがボールに当たるのに、自分はなかなか当たらなくて悔しかった。ベソをかきながらバットを振っているうちにだんだん上達してきて、気が付いたらアウトコース低めの球を逆らわずセンター方向に弾き返せるようにまでなってきた。そして午後は小学校のグラウンドに野球道具を持って行き、家族3人で練習をしていた。

当時あこがれていたのは、巨人の桑田真澄投手だった。父は愛知県出身だから中日ドラゴンズに愛着を持っていたようだったけれども、桑田投手のピッチングフォームが手本になるからと言って何度か家族４人で東京ドームに試合観戦に連れて行ってもらっていた。

そこで父からは「いつかお前もあそこでプレーするんだぞ」「桑田選手みたいになるんだぞ」なんてことを、兄弟そろって何度も何度も言われていた。もちろん当時の自分にしても、スタジアムの中でプレーするプロ野球選手たちがまぶしく見えて、当然のようにそうなるつもりでいた。

ただ、父は「子どもの頃は運動神経を磨くために色々なスポーツを経験しておいたほうがいい」という考え方を持っていた。

そのうちの1つにあったのがサッカー。小学校1年からの3年間は地元の松本北サッカースポーツ少年団でプレーをしていた。その他には並行してスイミングも習ったし、冬には「せっかく長野県にいるのだから」といって、車で20分ほどの場所にある国内でも指折りの高速リンク・松本市浅間温泉国際スケートセンター（２０１１年２月に閉鎖）でスケートも経験した。そこで履いていたのは刃が厚くて初心者でも滑りやすいフィギュア用の靴ではなく、刃が薄くて長いスピードスケート用。特にコーナーを滑り切るにはしっかりとしたバランス感覚が必要だった。同じ時期にスキーにも連れて行ってもらった。いずれにしても、兄の背中を追うように何でも吸収していったのを覚えている。

その兄は3歳年上。自分と同じで外で遊ぶのが大好きな活発な子どもだったから、兄とその友達に交ざっていつも一緒に遊んでいた。野球やサッカーはもちろん、鬼ごっこや隠れんぼもそう。だけど、そのグループの中では自分1人だけが年下。子どもの頃の3歳差といえば、体の大きさも何もかもが全然違う。でもその頃から負けず嫌いの虫が騒いでいたから、何をするにしても自分だけが負けるのは絶対に嫌で、必死に食らい付いていった。

そんなヤンチャな弟を持っていたからなのか、兄は長男らしくすごく優しい心で接してくれていた。もちろん多少の兄弟ゲンカはあったけれども、殴り合いのような派手なものはなかった。あまり記憶が定かではないけど、両親に聞いてもあまりケンカはしなかったという。今にして思えば、兄が広い心で受け入れてくれていたからこそ、伸び伸びと負け

幼少期から様々なスポーツに触れ、サッカーもその一つだった。写真：ご両親提供

ず嫌いな性分を発揮できたのかもしれない。いずれにしても頼もしい存在だったことは間違いなく、そのことは大人になって自分に子どもができて改めて気付かされた。その兄と自分を中心に、一家そろってプロ野球選手の夢を追っていく日々が続いていた。

だが、小学4年に上がったとき。これまで順調だったはずの一家の夢に異変が起こった。兄が中学校でサッカー部に入ってしまったのだ。遊びでやっていたサッカーがどうしても好きになったらしい。兄弟2人とも野球選手に育てたがっていた父は「これはまずいかもしれない」と内心かなり焦ったらしく、すぐさま次男の自分に野球をやるかどうかを聞いてきた。もちろんそのつもりだったから、素直にうなずいて野球への道を選んだ。もしかしたら、ただ「洗脳」されていた状態だったのかもしれないけど。

そして地元の軟式野球チーム・横田ボーイズに入った。幸い小さいころから色んなスポーツをさせてもらっていて運動神経には恵まれていたから、入団してすぐの頃から年上の6年生チームに交じって主力として試合に出させてもらうことができた。打順は1番か3番。出塁したら2球で一気に3塁まで進めることもあったりして、監督からは「隼磨はいつか前のランナーを追い越してアウトになる」なんてことも言われていたらしい。守備のときはピッチャーかショートだった。

そのチームには父もコーチとして入っていたから、まさに野球漬けの日々だった。家の近所に流れる女鳥羽川の河川敷にホームベースを買ってきてもらって置いて、桑田投手のフォームを手本にしながら、父が構えるキャッチャーミットに向かってひたすらボールを投げ込んだ。毎日というほどの頻度じゃなかったけど、時間さえあればそこで常に練習をしていた。子どもの頃だから球数なんて数えてはいなかったけど、今にして思えば相当な数を投げ込んでいたと思う。もちろんバットの素振りもたくさんしたし、頻繁にバッティングセンターで打ち込むことも続けていた。エネルギーは有り余っていたから、どれだけ練習しても「疲れた」なんてことは感じずにいた。

そうやって練習に打ち込んでいた甲斐もあって、チームは松本市内の大会で初優勝を飾ることができた。その後には父の知人のつてで、元プロ野球選手にプレーを見てもらってアドバイスを受けたりもした。最初のうちははるか遠くにあった「夢」が、ほんの少しずつだけど「目標」に変わっていった。小さい頃から何度も連れて行ってもらった東京ドーム。そのダイヤモンドの中心に立って、相手のバッターを次々に打ち取ってやりたい。その中で三振が取れれば気持ちがいいし、ましてやシャットアウト勝ちができたら最高だ。

「プロ野球選手になるんだ」

まぶしいその場所に向かって、着実に歩みを進めているはずだった。

▼サッカーを選ぶ道

だがある日、その道筋が閉ざされてしまった。小学5年の冬。どうやらボールを投げすぎてしまったらしく、ピッチャーにとっての生命線である右肩を壊してしまったのだ。実はその前から徐々に痛みは出始めてきていて、子ども心に「これは何かおかしいな」と小さな異変を感じてはいた。思い切り投げることができなくなったけど、それでもプロ野球選手になるためには歩みを止めるわけにはいかない。だから無理をして投げ続けていたけど、そうしているうちにどんどん痛くなる日が続くようになってきた。試合や練習で投げ込んだ次の日には、キャッチボールをすることもできないほど強い痛みに襲われるようになってしまった。

野球経験のある父親には自分と同じように肩を壊した知人もいたので、「これは当面、投げることは無理だ」と判断したらしい。結局、病院には行っていないから病名はわからずじまい。手術をする選択肢もあったと聞いたけれど、両親はまだ体が出来上がっていない小学生の体にメスを入れるのを避けた。実際、今でもボールを投げる動作をすると肩が痛む。

兄はサッカーの道を選んでしまった。だから、残された次男の自分を野球選手にさせたい。そんな父の気持ちは痛いほど伝わってきていた。だからこそ付きっ切りで一緒に練習もしてくれていた。その思いを裏切ることになってしまう——。

小学生ながらに、そうした申し訳なさも感じていた。そして何より、自分で強く願っていて順調だったはずの夢がかなわなくなってしまうのが悔しかった。子どもながらにすごく挫折感を味わって泣いた。ショックだった。

同年代の子どもたちが興味を示す、テレビゲームなどの遊びには目もくれずに本気でプロ野球選手を目指していた。だからこそ、その夢を諦めて切り替えるのは簡単じゃなかった。実際に目標を見失って、苦しい日々を送っていたことを覚えている。

その先に何があるのか――。そう考えた時に、真っ先に頭に浮かんできた選択肢はサッカーだった。むしろサッカーしかなかったと言ってしまってもいいくらいだった。小学校低学年の時にやっていたスポーツだし、それ以降も遊びでサッカーをしていたことは何度もある。何かのタイミングで地元のサッカースポーツ少年団の選手に交ざってプレーしても、正直に言えば「自分の方が全然やれているな」と思っていたこともあった。

その年は1993年。ちょうどJリーグが開幕した年だった。

5月15日。開幕戦のヴェルディ川崎－横浜マリノス（ともに当時）は家族でテレビ観戦していた。ブラウン管越しにも6万人近い国立競技場の熱気と華やかさは伝わってきて、「新しい何かが始まるんだ」というワクワク感があったんだと思う。負けず嫌いな性格もあったのか。当時は兄弟で何かと意識し合うことも手伝って、兄はヴェルディを、自分はマリノスを応援していた。試合はヴェルディに先制されたけど、マリノスは48分にエバートンが同点ゴールを決め、その11分後にラモン・ディアスが逆転弾。1－2で逆転勝ちを収めることができた。その記憶はうっすらと覚えている。

肩を壊して野球はできなくなってしまった。それでも、足を使ってプレーするサッカーならできるんじゃないか。Jリーグの開幕が重なったというタイミングも、もしかしたら運命的な巡り合わせだったのかもしれない。子ども心にそう考えて、サッカーを本格的にやることに決めた。両親は僕の決断にはいつも受け入れてくれていて、その時もやっぱりそうだった。自分が次に何の一歩を踏み出すのかを見守っていてくれたんだと思う。

▼ブームの前の「サッカー」

こうして僕のサッカー人生は本格的にスタートを切った。小学校6年、年齢でいうと12

歳。しかし当時の長野県はサッカー不毛の地で、最初にも書いた通り「サ」の字もないと言っていいほどだった。だからいざ「プロサッカー選手になる」と目標を切り替えてはみたものの、周囲からしてみれば「何それ？」といったふうにピンと来ていない感じ。笑われたり、バカにされたりもした。何しろスポーツといえば1にも2にも野球で、グラウンドが使えない冬場になれば校庭リンクなどでスケートをやるのが当たり前の時代。当時から松本は県内の他の地域に比べればまだサッカーが盛んだったと後々になって知りはしたけれども、競技人口は少なかったしサッカーの知識がある大人も多くはなかった。ましてや芝のサッカー場なんてあるはずもなかった。だから笑われても不思議がられても、仕方がないと言えばそれまでだと思って気にしないことにした。とはいえまだチームも何も決まっていない状態で、またゼロからのスタート。簡単じゃなかった。

周囲の理解はなかなか得られない状況の中でも、父は新たな道に切り替えた自分を熱心にサポートしてくれた。父自身はサッカーなんて全然詳しくないながらも雑誌を買ってきてくれたり、そこに載っている広告を見ては教材ビデオを何本も取り寄せてくれたりしていた。全くの素人だった状態から勉強して、4級審判員の資格を取ったりもしてくれた。

小学6年生〜中学3年生まで所属した強豪・「松本ヴェガ」。写真：ご両親提供

一緒に練習していた場所は、通っていた小学校のグラウンド。ボールの蹴り方やクロスの上げ方などを一緒になって学んだ。プロになってからは右サイドから数え切れないほどの本数のクロスを上げてきたけれども、それは父が一緒にボールを蹴って教えてくれた基本があったからこそだと思う。

サポートしてくれたのは母も同じ。エアロビクスなど元々あった自分の趣味を辞めて、試合を見に来てくれたり遠征に連れて行ってくれたり。自分たちのやりたいことは全部捨てて貴重な休みをつぶしてまで、サッカーをするにあたって何不自由ない環境を整えてくれた。それがどれだけありがたいことなのか。今は自分が親になってみて改めて感じている。

そして小学6年生になったとき学校の友達に誘われて、結成2年目となる地元の強豪チーム「FC松本ヴェガ」に入団することになった。そこは歴史こそ浅かったけれど、広い長野県の中から上手い選手だけをかき集めていたチーム。今まで県内それぞれの地域で地道にやっていた他の指導者たちからは反発を買ったり賛否両論があったことを後になって聞いたけど、当時の子どもだった自分は何しろ上手い人が集まっているチームでやりたいという思いしかなかった。実際に自分たちの1つ上の1期生も相当強いと聞いていたし、迷わずそこに入ることを決めた。

決めた――とはいえ、実際はテストのようなものがあった。「テスト生」のような形で練習に参加したのだ。でもそこで当時の自分にとってはテストに通るか通らないかなんていう感覚は全然なく、「いいからすぐにでも試合に出してほしい」くらいにウズウズしているような状態だった。そうしたらチームの監督もすぐにOKを出してくれて、無事に入ることができた。

これでまずは一歩前進することができた。目標を見失っていた日々に比べたら、新たに打ち込むべきスポーツと、それができる環境を手に入れられたのは嬉しいことだった。

ただ、両親が仕事をしていたから送り迎えは基本的になし。同じ松本市内でも遠い場所にある「やまびこドーム」や「筑摩野中学校」が当時の主な練習場所で、そこまで自分でバスや電車を乗り継いで通っていた。1時間に何本もないような電車やバスに揺られながら。当時の長野県の小学生では珍しかったんじゃないかと思うけど、子どもながらに交通機関を使って通う道中さえも楽しく感じていたし、これもいい社会勉強になるなと思っていた。そういう考え方は教えられたのか自然に身に付いたのかはわからない。今の子どもたちにもそういうたくましさを身に付けてもらいたいし、そういうきっかけをつくりたいと思っている。

ヴェガでの練習はほぼ毎日。決して勉強嫌いだったわけじゃないけど、何しろプロサッカー選手になるという新しい夢に向かって一歩を踏み出すことができたしサッカーそのものも好きになっていたから、学校が終わる時間が待ち遠しかった。ただ、チームには6年生の途中から合流した形。小学生年代で最大規模となる全日本少年大会の県予選は6月ごろにあったので、そこでは選手登録が間に合わずに出場できなかった。それでもチームメイトが自分抜きで優勝してくれたから、全国大会には間に合った。

長野県以外からの都道府県代表もずらりと居並ぶ、初めての全国舞台だった。まずは予選リーグ戦があり、そこはグループ2位。そして第18回大会にして長野県代表チームでは初めての予選リーグ突破とベスト16入りを決めた。この大会で県代表がベスト16に駒を進めたのは、2016年現在これが最初で最後だという。

全国レベル「横浜マリノス」

だが、そこで衝撃を受けた。

ベスト8入りを争う決勝トーナメント初戦の相手は、横浜マリノスの育成組織のプライマリー。スコアそのものは0－3ぐらいでなんとか済んだけれども、その内容はまるで大人と子どもが試合をしているようなものだった。ほとんどボールを触ることも、ファウルで止めることすらもできない。ただただ遊ばれたまま、試合終了のホイッスル。前の年にテレビで見たJリーグ開幕戦と同じ青赤白のトリコロールのユニフォームに身を包んだ選手たちは、自分たちと同じ小学生とは思えないほどレベルの開きがあった。

「このままだと、プロに入るのは本当に厳しい」

強くそう感じたのを今でもはっきり覚えている。それまでは長野県でも北信越でも勝つのが当たり前で「自分たちは強い」と思っていた。でも、その試合で粉々に打ち砕かれ、そんな自信は本当にちっぽけなものだったんだと気付かされた。それと同時に、「自分は天才なんかじゃないし才能もない。他人よりも何倍も何十倍も何百倍も努力しなければ追い付かないし、ましてやプロサッカー選手になんてなれるはずがない」という思いも芽生えた。父もおそらく、その試合を見て同じ思いを抱いたんじゃないかと思う。長野県初のベスト16だからといってその程度で満足感を得られるはずなんか到底なかったし、その屈辱的な一戦を経験してからは目の色を変えて練習に打ち込むようになった。秋には中信選抜、そして県選抜にも選ばれ、さらにその後は県内で2人だけという北信越選抜にも入れてもらうことができた。

そしてその先に、また大きな衝撃があった。北信越選抜でも実力が上の方だと認められて、そこからナショナルトレセンに選ばれた。言ってみればU－12の日本代表みたいなものだ。千葉県で合同練習があり、そこにもマリノスやヴェルディから選手が何人も来ていた。それで試合をしたとき、やっぱり自分とはサッカーの次元そのものが違った。これも

小、中学生時代、横浜マリノスアカデミーと全国大会で対戦。 写真：ご両親提供

本当にショックだった。パスのスピードも動くスピードも判断のスピードも、全てにおいて彼らの方がずっとずっと優れていた。もっと言えばフェイントもそう。今でこそ子どもたちも身に付けてフェイントを掛けたりしているけど、当時はなかなか小学生だとできないものだと思っていた。それを彼らは当たり前のように次々と繰り出してくる。そういう大人のサッカーをしていて、ここでも「本当に同じ小学生なのか？」と思わされた。

マリノス戦と、ナショナルトレセンで「遊ばれた」という悔しさ。元々負けず嫌いな性格だったから、プライドをボロボロに傷付けられた悔しさはずっと消えずに残っていた。心力の差はあまりにも大きかったけれど、あきらめるという選択肢はさらさらなかった。心の中にあったのは「負けたくない、追い付きたい」そして「追い越してやりたい」という思いだけ。だから本当は「中学からJリーグのアカデミー（当時の下部組織）に入ってプレーしたい」と思い始めていた。

けれど、当時の長野県にそんなチームがあるはずもなかった。地元で無理なら県外に出るしかないけれど、中学生の段階でそれを実現するには基本的に家族ごと一緒に引っ越さなければならない。実は清水エスパルスのジュニアユースから「家族ごと一緒に来てやらないか」という話があったけど、さすがに一家ごと引っ越すのは現実的じゃない。残念だけどその段階で県外に出ることはあきらめた。そして家族で話し合った末に出た結論は「中学校の3年間は待って、高校に上がるタイミングでプロ選手を目指せる環境に進もう」ということ。3年間も待たなければいけないことにじれったい気持ちはもちろんあったけど、松本に残って必死に練習することにした。

「地元にJリーグのチームがあれば、そこのアカデミーに入れるのに」

そんな考えが頭をよぎってはみたものの、小学校6年生の子どもにはどうすることもできなかった。

▼県内から県外への挑戦

中学校時代も、引き続き松本ヴェガでプレーしていた。マリノスに打ちのめされた悔しさを抱えたチームメイトとは、中学校に上がっても一緒。だからこそ、みんなが自分と同じで「今度は絶対に倒してやるんだ」という気持ちで一つになれたんだと思う。もちろん何人かの入れ替わりはあったけれども、チーム全体としては「あの記憶」をしっかりと刻み付けたまま、互いに切磋琢磨しながら練習に打ち込んでいた。長野県で勝つのは当たり前、北信越で勝つのも当たり前。目標は全国で勝つことなんだ。そういう気持ちが強かった。同学年の代も広い長野県の遠方から通ってきている選手もいて、自分は同じ松本市だからまだ近くて恵まれている方。今にして振り返れば、そうした環境だからこそ他の選手たちのハングリーさもひときわ強かっただろうし、自分もそれに触発されて前向きな雰囲気になっていた部分もあったんじゃないかと思う。

もちろんチーム全体が高いモチベーションを保ち続けていたけれども、その中でもやっぱり自分が中心になって引っ張っていたつもりだ。練習は誰よりも熱心にやっていた自信があるし、そういう背中を見せて納得させた。「また全国で勝とう」という言葉も繰り返し口にしてきた。とはいえサッカーはあくまでもチームスポーツだから、自分1人だけで浮いているわけにはいかない。チームの絆は大事にしていた。

そして嬉しいことに、他のチームメイトたちも自分と同じように「県外に出てチャレンジしたい」という思いを抱いてくれていた。結果的にプロサッカー選手にはなれなかったけれども、実際に鹿島アントラーズのユースや桐光学園高校（神奈川）などに進んでいく選手たちもいた。昨今でこそよく見られる「県外にチャレンジしていく」という風潮が本格的に始まったのは、自分たちの世代くらいからじゃないかと思う。

けれど、肝心の練習があるのは週に4日ほど。だからそれ以外の日は1人で練習を繰り返した。学校のグラウンドは部活動の人たちに使われていて塞がっていたから、近くの公園で暗くなるまでひたすらボールを蹴った。フットサルコートよりちょっと大きいくらいの公園であまり人が来なかったので、自分だけの練習場所に使わせてもらっていた。壁を使ってパスやシュートをしたり、コーンを置いてドリブルをしたり。もちろんリフティングもたくさんした。陽が落ちて暗くなってしまっても、うっすらと照らしてくれる街灯の明かりだけを頼りにしてまだ練習。そのうちに慣れてきて、暗い中でもボールがどこにあるのか、どうすれば芯を捉えられるのかが感覚的に分かるようになってきた。

衛星放送でスペイン・リーガエスパニョーラのバルセロナの試合を放映していたので、それを録画していた。そして中でもフィーゴのプレーが参考になると感じて、フェイントの真似などもしていた。雨が降って練習できない日には、録画していた試合を見る。バルセロナの試合はもちろん、Ｊリーグでは開幕した１９９３年のチャンピオンシップ・ヴェルディ川崎―鹿島アントラーズの２試合を繰り返し見ていた。会場は２試合とも、５３０００人以上の観客でぎっしり埋まった国立競技場。第１戦はパスカットから素早く裏に抜け出したカズさんをアントラーズの奥野僚右さんが後ろから引っ張ったとして一発退場になり、第２戦ではジーコがＰＫ判定に不満を表明してツバを吐いてやっぱり退場になった。そこでプレーしていた外国人選手もスターばっかり。ペレイラにビスマルク、ジーコにアルシンド。日本の頂点のまぶしい場所にいる彼らのプレーを自分の参考にしたいという気持ちがあったのはもちろんだけど、何よりも見るたびに「自分もいつか、こういう素晴らしい舞台に立ちたい」という思いを強く感じて気持ちが高ぶった。だから何度も何度も、ビデオテープが擦り切れてしまうんじゃないかと思うくらいに見ていたのを覚えている。

あとは学校のサッカー部に勝手に交ぜてもらって練習していたことも多かった。顧問の先生はある程度の理解を示してくれていたけど、他の先生たちからすればあまり良く思われていないのは中学生ながらに肌で感じていた。今になって振り返れば申し訳なかったと思う部分もあるけれど、そんなことは当時の自分にはどうでもいいこと。とにかくサッカーができる場があれば何でもよかったからだ。プロを目指せるだけの環境を勝ち取るまでの「ガマンの3年間」は、1分1秒さえも無駄にはできない。そうしなければ、小学校6年生で味わった絶望的なまでの力の差を埋めることなんかできるはずもないと思っていたからだ。

止める、蹴る、走る――。全ての側面においてプレーのレベルを上げなければいけない。高校になったらプロを目指せる環境に進むから、中学3年間はそのための準備期間なんだ。そうした思いを常に絶やさず練習に打ち込んでいた。やっていることは果たして間違っていないのか――なんていう疑念が頭をよぎることもなく、自分に必要だと思うメニューを自分で調べて、一心不乱に練習ばかりやっていた。中学生と言えば、子どもから大人に変わろうとする時期。学校の同級生たちは他のことに興味を示していて、休みの日には映画を見に行くなどの遊びを楽しんでいた。彼らの話題に入っていけない孤独感も当時は心の片隅にあった。でもそんな気持ちに負けてはいられないし「プロサッカー選手を目指すんだ」という思いの方が勝っていたから、自分にはそういった遊びは必要なかった。

当時の自分を衝き動かしていた根底にあったのは、「とにかくJリーグの試合に一刻も早く出たい」という思いだ。高校生や大学生をJリーグのクラブに二重登録できる特別指定制度がまだない時代だったから、当時は高校の部活動に進んでしまうと在学中はJリーグには出られない仕組みだった。だけどJリーグのアカデミーに入れば実力次第で2種登録されて、高校生のままでも試合に出ることができる。「実力さえあれば上に行ける」という環境をまずは自分の力で勝ち取りたかった。

だから高校サッカーには興味がなかった――と言っては失礼かもしれないけれど、自分の中では当時からJリーグのアカデミーしか目指していなかった。時代はちょうどユース出身のJリーガーが出始めていた頃。当時の高校生Jリーガーとして最年少出場記録（17歳と354日）を持っていたジェフユナイテッド市原の山口智さんや、少し後になるけれど同じジェフの酒井友之さん、ガンバ大阪の稲さん（稲本潤一）みたいに、ユース時代からJリーグのデビューを飾っていくキャリアに強くあこがれていた。

▼Jアカデミーを目指した日々

チームは相変わらず、長野県の中では負け知らず。北信越でも自分たちと渡り合ってくれるだけの相手はなかなかいなかった。トップレベルのチームと戦う機会は少なかったけど、それでも横浜フリューゲルスやマリノスなどと練習試合をする機会に恵まれた。その時には少し、本当にほんの少しだけれども小学生時代よりも差が埋まっていると感じることができた。チームのみんなでそれを共有していたわけじゃないけど、他の仲間たちも同じことを感じていたんじゃないかと思う。

そしてキャプテンを任されていた中学3年のとき、自分たちの成長度をはっきりと試すチャンスがようやく巡ってきた。全日本クラブユース選手権（U－15）。予選の組み分けで、3年前に屈辱的な負け方をしたあの横浜マリノスと同じグループに入ったのだ。もちろん向こうのメンバーも一緒に学年が上がっているから、顔ぶれもほとんど同じで覚えている相手。しかも当時のマリノスは優勝候補の筆頭に挙げられていたほどの実力だった。そんな中でも自分たちは、「3年間の練習の成果がどれだけのものだったのか、ここで試すことができる」と強気な姿勢で挑んだ。

試合は0－0で迎えた後半の立ち上がりに先制ゴールを許してしまい、劣勢に立たされる展開。ただ、3年前ほどの力の差を感じずに戦うことができてはいた。そしてその後にドリブルで仕掛けてファウルをもらい、その直接フリーキックを自分で決めて同点に持ち込んだ。シュート数では圧倒的に負けていたかもしれないけど、スコアは1－1の同点。相手のゴールキーパーは「何でシュート2、3本くらいで同点になってしまうんだ」とボヤいていた。その大会のマリノスは決勝で清水エスパルスとPK戦の末に敗れたから、結果的には準優勝の相手と何とか渡り合えたことになる。

やってきたことは間違いじゃなかった。

そう思うことができた。その大会の予選残り試合ではガンバ大阪と引き分けてアビスパ福岡に勝ってグループ2位でベスト16に進んだけれど、決勝トーナメント1回戦で浦和レッズに負けて終わった。

それでも自分はベストイレブンに選んでもらい、他チームの選手たちとチームメイトになってメニコンカップという大会に出た。そこでもやっぱり「小学生時代よりも差は縮まっている」という確かな手応えを感じていた。

その反面「やっぱりまだ差はあるにはあって、残りの部分を埋めるためにはもう県外に出るしかない」という感覚が、漠然とした思いから確信に変わっていた。中でも同学年の金子勇樹（元横浜F・マリノス／コンサドーレ札幌）はマリノスのユースアカデミーから一緒で自分と同じボランチをやっていて、プロでも肩を並べた選手。チームの中心だったしアンダー世代での代表経験もあって、ゲームを完全に仕切っていた。足元の技術と視野の広さがすごかったから、たとえ自分が周囲に褒められたとしても「金子ならもっとこうプレーできていたはずだ」みたいに考えて、現状に満足することは一度もなかった。

プロになるためにJクラブアカデミーに身を置きたい。どこまでも一心に、できる限りのプレーをし続けてきた。そしてついに中学3年生の大会前後、ありがたいことに高校も含めて10チーム以上からオファーが舞い込んできた。マリノスからのオファーがなかったのは少し寂しかったけれど、ずいぶん悩んだ末に最終段階でフリューゲルスとヴェルディの2つに絞った。

正直に言えば、ヴェルディに行きたい気持ちの方が当初は大きかった。ビデオで何度も見ていたチャンピオンシップで勝ち、Jリーグの初代王者に輝いたスター集団のヴェルディ。当時の日本の中では強かったし、やっぱり人気も高かった。そんなチームのアカデミーが声を掛けてくれたことが何よりも嬉しかったから、そこに行きたい気持ちが強かった。さらに、今は松本山雅FCのGMを務めている（加藤）善之さんが当時ヴェルディでアカデミーのスカウトをしていて、何回も松本に来ては熱心に勧誘してくれたのも大きな要因だ。家族そろってよみうりランドの練習場に招待してもらい、同年代のジュニアユースはもちろん、年上のユースやトップチームの2軍に当たるサテライトの練習にまで参加させてくれた。中学3年生なのにだ。その時のホテルは善之さんが手配してくれたし、食事にも誘ってくれた。その中で、地元以外からは唯一自分だけに声を掛けているという話も聞いた。

けれども一番のネックは「寮がない」ということだった。ヴェルディはマンションを借り上げていて、1人で生活しながらサッカーをやらないかというスタンス。そこで両親が「1人暮らしは厳しいんじゃないか」と難色を示した。そもそも本来なら両親は親元から離れさせること自体にもずいぶん抵抗があったらしいけど、最終的には「サッカーでプロを目指せる良い環境が目の前にあるし、そのチャンスを生かさせてやりたい。何よりも本人がそれを望んでいるのだから」と言って後押しをしてくれた。だからこそせめて、安心して送り出せるだけの恵まれた環境を選びたいという親心があったのだと思う。最終的には寮があって食事の管理もきっちりやってくれるフリューゲルスに一本化することになった。善之さんはものすごく残念がってくれていたしヴェルディはやっぱり強いチームだったから、後ろ髪を引かれる気持ちは少なからずあった。けれど、そこは後悔することなくフリューゲルスに行くことを決めた。

圧倒的な実力差を味わった小学校時代、そしてガマンし続けていた中学校時代。3年生の夏になってようやく、プロ選手への第一歩を踏み出すことができた。

第2章 決意

15歳、単身越境で志したプロ

▼15歳で越境して挑んだ

それは夏の暑い日のことだった。

一人で特急あずさの切符を買って、ＪＲ松本駅からまず八王子駅へ。そこから横浜線に乗り換えて、40分ほどかけて寮がある最寄りの鴨居駅に着いた。トップ選手のような厚遇を受けられるわけじゃないから、駅には誰が迎えに来てくれているわけでもない。文字通り右も左もわからない土地で、目的地の寮まで一人の力でたどり着かなければいけなかった。

あらかじめ地図を買っておいて正解だった。建物や店を目印にして、20分以上も歩いただろうか。しかも駅からは本当に急な上り坂ばかりの道。入寮するための大荷物を抱えながら、汗だくになってようやく寮までたどり着いた。今まで住んでいた松本の景色とは全く違い、畑も田んぼもなければ山も見えない、家ばかりが立ち並んでいる道を歩いて。

苦労したけれども、こうやって念願だった新天地での生活が始まった。

最初は都会での生活に馴染むのにも大変だった。知らない土地で、一人電車に乗るのはほとんど初めてと言っていいくらいの経験だったし、生活で何か困ったときに助けてくれる家族も友達もいない。地方都市の松本から大都会の横浜に出てきたから、まず人の多さに圧倒もされた。故郷の松本では到底考えられないような人波の中で、中学3年生の自分はポツンと独りだった。

寮は基本的にトップチームの選手のためのものだから、中学3年生の時点で入っている同学年の選手もいない。食事は寮でしっかり管理してくれていたけれど、たまに土、日曜日が休みになることがあって、そのときは本当に困った。寮母さんとかに「この辺にこういうお店があるよ」などと教えてもらったはいいものの、言われた「この辺」が果たして「どの辺」なのかがまずわからない。仕方がないから自転車をやみくもに走らせて、行き当たりばったりでたどり着いた店で食事をしたりしていた。

部屋にはベッドやテレビなどがあったけれども、それ以外の家具や身の回りの品は自分でそろえなければいけなかった。ボディーソープやシャンプーがなくなったらどこに買いに行けばいいのか、歯ブラシは、洗剤は――。今までそれらの全ては、当たり前のように親が用意してくれていた。今のようにスマートフォンですぐに検索できるわけじゃない時代。それもやっぱり、おそるおそる通行人に声を掛けて場所を聞いてみたりしながら乗り切っていた。

こうした経験を何回も何回も繰り返して、本当に親のありがたみが痛いほどわかった。別に見ず知らずの土地が怖かったわけでも、嫌だったわけでもない。ましてや自分で望んでようやく勝ち取ったプロサッカー選手への第一歩であるはずだ。それなのに親元を離れたのがやっぱり寂しくて、特に最初のうちはさんざんホームシックになった。時々電話して声を聞いたときは心配を掛けたくないから気丈に振る舞っていたけれど、切った後には自然と涙がこぼれていた。

フリューゲルスのチームメイトたちからも当然「田舎から出てきたヤツ」だと下に見ら

れて、最初のうちはなかなか輪に入ることができなかった。中学3年生の時点からユースの練習に参加しているのは自分だけ。プライドも技術も高くて全てにおいて差を見せつけられていた。「自分は他人より何倍も何十倍も何百倍も努力しなければいけない」。やっぱりそう感じた。もっと言えば、彼らはみんな都会っ子。松本から出てきた自分と共通の話題はないし、話すきっかけもなかなかつかめない。

だからこそサッカーで見返さなければいけなかった。小学校6年生でサッカーを始め、マリノスにやられてからずっと願っていた新たな環境を自分の力でようやく勝ち取ったのに、こんなところで押しつぶされてはいけない。

▼サッカーのための濃密な日々

幸い安達亮監督というプロの指導者に人生で初めて巡り合い、「サッカーのイロハ」を一から全部そこで教わった。周囲の選手たちのレベルの高さも含め、「これが自分の求めていた厳しい環境なんだ」と感じて、負けず嫌いの性分を存分に発揮しながら成長することができた。今にして振り返れば、真新しいスポンジがみるみる水分を吸収するみたいにどんどん新しいことを身に付けていった時期なんだと思う。

安達さんは市立船橋（千葉）で高校サッカー出身だったこともあるのか、ピッチ外の指導も重視する人で、「人間としてしっかりしていないとプロサッカー選手にはなれない」ということを繰り返し強調された。きっちり時間を守ること、普段の生活態度を真面目にすること。松本にいた当時にはなかなかそういう部分の必要性は感じられなかったから、その意味でまず鮮烈なインパクトがあった。安達さんは松本から出てきた自分が何も知らない状態だとわかっていたのだと思う。だからこそ、寮長さんとか寮母さんにあらかじめ手を回して、食事面なども人一倍気を遣うように水を向けていてくれたらしい。高校に上がってからは、学校に訪問して校内での生活態度を先生から聞いたりとか、色々な側面で骨を折って「教育」してくれた。

もちろんピッチ内のプレーについても全てを教わった。中学校時代までに基本の部分は教わっていたかもしれないけれど、サッカーと言えるだけのサッカーを教わったのはそれが初めてだった。特に自分に対しては、個人戦術についての指導が多かったのを覚えてい

プロへの近道として選択した横浜フリューゲルスユース。写真：ご両親提供

る。ドリブルやトラップの精度はもちろん、状況に応じたプレーの選択などだ。カウンターのときはこう動く、そうじゃないときは無理して仕掛けなくていいとか。チーム戦術の指導もあるにはあったけれども、どちらかと言えば自分に関しては個人にフォーカスして目を掛けてくれていた。体調管理にしてもそう。練習後にしっかりストレッチをすること、すぐに食べること。今でこそ当たり前だけど、言われないとなかなか自分で気づくことはできない部分だった。本格的にウエイトトレーニングを始めたのもそこからだ。松本にいた当時はトレーニング器具を使ってガンガンやるなんていう環境がなかったし、そもそも自分にとってもそんな発想自体がなかった。ユースの練習場には筋トレができるスペースがあったので、日々の練習の中はもちろん、練習前にも自主的に取り組み始めた。寮での食事もたくさんの量がバランス良く出てきたから、フィジカル面でも成長することができたと思う。

そして中学3年生の終わり頃には、何とトップチームの練習にも何度か参加させてくれた。子どもの頃に何度も見ていたバルセロナを率いていたカルロス・レシャックが監督をしている、到達点とすべき本物のトップチームだ。松本から出てきてまだ2、3カ月くらいの状態でいきなりそんな場所に放り込まれたのは強すぎる刺激だったけれども、「ここで力をつけて試合に出るんだ」と決意を新たにするには最高の時間だった。

高校に上がってからも引き続き起用してもらい、1年生の最初から3年生の試合に出させてもらうことができた。はっきりとは覚えていないけれど、ベンチから試合を眺めていた記憶はほとんどない。そして仲間もできた。埼玉県から来た2人が同学年で入寮してきたので、3人でいつも一緒にいた。その2人は同じチーム出身で元々仲が良かったから、どちらかと言えばその輪に入らせてもらった感じだ。買い物に行くにも、自主練習をするのもこの3人。互いに良きライバルではあるけれども、普段は助け合っていて、彼らの存在は頼もしかった。

ユースの他のメンバーは地元の選手なので、練習が終わったらすぐに電車やバスで家に帰らなければいけない。でも寮生は自転車ですぐ近くの距離だから、自主練習も思う存分できる。コーンを置き、キーパーをやってもらってドリブルシュートをしたり、クロスを上げたり。レベルの高い環境の中でもまれることができていたうえ、仲間と一緒に自主練習もやれる。寮に帰ったら3人で食事をする。ようやく勝ち取った新たな環境にも慣れ始めて、のびのびとサッカーに打ち込めていた。

もちろんユースはプロを目指す予備軍の集団。チーム内の競争はある。それでも自分は定位置を勝ち取り続けることができていた。ここで3年間努力を積み、このレベルのなかで一番であれば、トップチームの試合に出られるんじゃないか――。そういう手応えを得られるところまで行くことができた。フィジカルもメンタルもテクニックも、タクティカルな部分も全てを含め、最初はチームメイトより下だと痛感させられていたが、サッカー漬けの日々を積み重ねていくうちにあまりそういう感覚もなくなってきていた。

夏休みには貴重な経験をすることもできた。フリューゲルスのユースがイタリアの大会に招待され、3週間ほど現地に滞在したのだ。当時はサッカーといえばイタリアと言っていいくらいの本場・カルチョの国。そこではサッカー選手なら誰もがあこがれる名門のユベントスやACミランのユースと対戦することができ、なおかつ「通用しない」という差も感じずにある程度対等に試合ができ、改めて自分の成長ぶりを確かめることができた。

中でもユベントスの中には、後日、セリエAのトップチームでプレーしている選手がいることがわかったりもして、世界のトップをより身近に感じることができた。

▼プロ選手と出会う刺激

普段の寮生活でも少なからず刺激があった。鹿児島実業高から来たプロ1年目のヤットさん（遠藤保仁）も寮に入ってきていたのだ。ルーキーイヤーの開幕戦からスタメンをつかみ、アンダー世代でも当時から注目を集めていた選手。こっちからしてみたら一目置くような存在だったけれども、当の本人は天狗になっているような態度なんかは一切なく、3学年下に当たる自分にも気さくに話し掛けてくれた。寮の風呂場で一緒になれば「どこから来たの？」といった具合だ。同じ3階に住んでいて洗濯をする場所も共同スペースで一緒。そこでも他愛のない会話をしていたのを覚えている。トップチームとユースでは練習時間が違うから夕食の時間は違うけど、朝は同じタイミングのときもある。そのときは学校の制服を着て朝食の場に行くと、「行ってらっしゃい」「学校頑張れよ」などと応援してくれた。目指すべきプロ選手と同じ屋根の下でコミュニケーションを取ることができる寮は、自分にとってはかけがえのない大切な場所だった。

それでも一緒に練習したときの技術の高さには本当に驚いた。トップの練習に参加させてもらい、ヤットさんと同じボール回しの組に入ったときのこと。1人がオニになってボールを奪いにかかる、いわゆる「鳥かご」だ。ヤットさんは余裕しゃくしゃくでプレーしているのに全然ボールを奪えないし、取られてオニになることもない。しかもそれを、すごく楽しそうにやっているのが強く印象に残った。「自分もこうならなきゃいけないんだ」「プロになるにはこんなにうまくなる必要があるんだ」などと、強い刺激を受けさせてもらった。実際にプロ入りした後は何回も対戦した経験があるし、2006年にはイビチャ・オシム監督の日本代表に同時に選ばれた。高校時代には一緒にプレーできなかったのが、8年の歳月を経て同じユニフォームを着て同じピッチに立つ。そのときには不思議な巡り合わせを感じた。

▼フリューゲルスの消滅

こうして新たな環境で新たな刺激を受け、順風満帆な日々を送っていた。だがその矢先、またしても試練がやってきた。――またしても、自分の力の及ばないところから。

1998年10月29日。

朝、いつものように起きたら、寮の中が蜂の巣をつついたようなパニックに陥っていた。原因はスポーツ紙の1面トップ記事。フリューゲルス自体が消滅し、同じ市内のライバルであるマリノスと合併するというスクープが載っていたのだ。フリューゲルスの出資会社の一つだった佐藤工業がクラブ経営から撤退したいという考えを示し、もう一つの出資会社の全日空も単独ではクラブを抱えられない経営状態。そこでマリノスの親会社である日産自動車と協議し、合併することになる――。実質的にはマリノスがフリューゲルスを抱えるという吸収合併で、事実上の消滅だ。

そんな重大ニュースが公式発表の前に紙面に載った。選手はまだ誰もそれを知らない状態。そうは言ってもトップチームの話だから、ましてやユースの行く末なんかは不透明なのは当たり前だ。その日は木曜日。これまで学校にはきちんと通っていたけれど、さすがにその日は休んでしまった。遠く松本から1人で出て来ている身としてはなおさら「この先どうなるんだろう？ 自分が所属しているチームが消滅してしまう……果たして自分はどこに行くことになるのか？」と不安に駆られ、とてもじゃないけど普段通り学校に行くなんていう精神状態じゃなかったからだ。かと言って相談をできる相手もいないし、自分の力でどうにかできる話でもない。家族と電話しても、できるだけ心配を掛けたくないから「大丈夫、大丈夫」なんて言って平静を装っていた。もちろん、全然大丈夫じゃなかったけれど。

そしてユースも、トップチームと同時期に吸収合併することが決まる。当時のマリノスから枠を削り、そこにフリューゲルスから選ばれた数人が入っていく形になった。幸いサテライトやトップチームの練習に参加させてもらっていた自分はその中に選ばれて、新生横浜F・マリノスのユースに入ることができた。「選ばれたからこそ、一緒に来られなかったフリューゲルスユースの仲間のためにも頑張らなきゃいけない」「自分がトップに上がって結果を出すことが、彼らに報いることにもなるはずだ」。そんな思いを強めながら、また新たな環境に身を投じた。

▼フリューゲルスvsマリノス

でもここからが本当に、色々な意味で厳しかった。

そもそもマリノス側から見れば、仲間がいたはずの枠が強制的になくなって市内のライバルチームのフリューゲルスから同じ数の選手がやってくる格好。しかも当時のマリノスは県外から選手を集める方針ではなかったから、その中の1人が長野県から来ているなんて知られた日には角が立たないはずがない。

だからここでも、やっぱりサッカーの実力で打開していくしか生き残る道はなかった。

自分の心の中では、小学生と中学生のときに対戦した因縁の相手とチームメイトになるという巡り合わせに不思議な縁を感じてもいた。中でも金子勇樹がそうだ。当時からマリノスで抜群の存在感を放っていた同年代のサッカーエリート。そんな彼と同じチームメイトになり、最終的にはダブルボランチを組む仲になって打ち解けることができた。そうしたら向こうも小学生時代からこっちのことを覚えてくれていたと知って嬉しかったけれども、合併当初はそんなことを口に出せるような雰囲気は到底ない。互いにプライドもあるから全然しゃべらない。今になって思えば小さなことだけれども、当時の自分たちにとっては大きなことだったからだ。

合併当初は、同じチームのはずなのに着替える場所もロッカーも別々。練習着も最初のうちは統一できていなくて、それぞれのチームのトレーニングウェアでプレーしていた。同じチームになった以上は練習を一緒にやるけれども、ボール回しが始まればそれぞれ同じトレーニングウェア同士で固まる。練習の間のちょっとした休憩のタイミングでサッと派閥に別れたりもする。不思議なくらいまとまらない。まだ大人になり切っておらずそれぞれの絆が強いユース年代の選手だからこそ、ネチネチとした嫌がらせみたいなものも受けた。特に自分は松本から出てきたという時点でまずバカにされるし、話をしてくれようともしない。合併したトップチームももちろん大変だっただろうと思うけれど、ユースはユースで独特の大変さがあった。

そんな逆境の中でも決して心が折れることはなく、むしろサッカーをしている間は余裕さえあった。1年半の間フリューゲルスの恵まれた環境で練習に打ち込んだり、トップチームの練習に参加したりと刺激を受けたことで、全てにおいて実力が伸びた実感があったからだ。合併して大所帯になった分だけさらにレベルは高まり、その中でも生き抜かなければいけない状況。とはいえ目指しているのはプロだから、「ポジション争いに勝っていくんだ」という気持ちに一切の揺らぎはないし当然のことだと思っていた。

それに当初から、合併したことでよりチームが強くなるという予感もあった。チーム内での競争はより激しくなるから、そうすれば求めているレベルの高い環境により近付ける。「打ち解けて仲間になれれば絶対に強くなれる」と、心の片隅で思ってもいた。

そして時間が経ち、実際にチーム内にあった妙なわだかまりは自然と解消されていった。練習着も統一されて、少しずつ互いにしゃべるようになる。試合になればチームメイトだから一緒に戦わなければいけない。そうやっていつしかチーム全体が自然に打ち解けたし、今では仲間内での笑い話になっている。

その中でも、1学年上のナオ（石川直宏）とは同じポジションを争うライバルなのに不思議と気が合った。合併以前からユース同士で試合を何度もしていたから、互いに誰が中心選手なのかとかどういうプレーをするのかとかは知っていた。そんな中でナオは新3年生になる勝負の年。それでも「負けたくない」という気持ちで切磋琢磨した。最初はしゃべることもなかったけれども、交流が生まれ始めてからは優しい性格で他人を思いやる気持ちが強い人なんだと気付いた。そして互いに一人でいる時間も大切にするタイプだった部分があって、その点でもウマが合った。同じタイミングでプロ入りして以降はマリノスで出場機会に恵まれない苦しい時期もともに味わったし、高校3年生でプロ契約をした当初は車を持っていなかったから、プロ入りに伴って入寮してきたナオの車に乗せてもらって練習場と寮を行き来していた。アンダー世代の代表でもずっと一緒だったので、同じ時間を長く共有した。その後別々のクラブにレンタル移籍をしていく際にも頻繁に連絡を取り合っていたし、今でもいい関係でいる。

▼学業との厳しい両立

合併してからのもう一つの難題は、なかなか解消できるものではなかった。学校との両立だ。フリューゲルスユース時代は学校と寮は比較的近場だったので不便を感じずに過ごせていたけれど、マリノスの寮に移ってからは同じ市内のはずなのに学校までがすごく遠くなってしまった。サッカーを理由にして学校をサボったり課題をやらなかったりするのは自分の信義に反していて嫌だったから、何としてでも両立をさせなければいけない。だけどそのためには、睡眠が6時間くらいしか取れないサイクルで日々を送らなければならなかった。

たとえば平日のある一日。午前6時ごろに起きて、まずはJR横浜線の大口駅まで自転車で1キロちょっとの距離を移動する。雨の日は歩きになるから余計に時間がかかる。そして鴨居駅で下車。南口を出て少し歩いた場所からバスに乗り、そこから4キロほど離れた学校へ向かう。さらに最寄りのバス停から校門までも歩いて10分ぐらいかかる。学校も広いから、寮の玄関を出てから教室にたどり着くまでには2時間近くもかかってしまっていた。

そして学校が終わると急いで同じルートを戻って寮に帰り、そこから練習場へ行かなければいけない。マリノスユースの練習場は寮から自転車で行ける距離にあったからまだ救われていたけれど、練習が夜の9時ごろに終わって夕食を食べてからはトレーニングウェアを自分で洗わなければいけない。今みたいに全自動乾燥機があるわけじゃないから、洗濯が終わるまで待って、自分で干さないといけない。そうしないと次の日の練習着がなくなってしまうからだ。追い打ちをかけるように、容赦なく出される学校の課題もやらなきゃいけない。全てが終わると日付が変わる時間帯になってしまっていた。

「これはさすがにキツいぞ……」

大変だった。本当に大変だった。このサイクルから一刻も早く脱しなければ潰れてしまうんじゃないか——。そんな考えが頭をよぎるほど厳しい日々だった。

そんな状況も手伝って、一刻も早くプロになりたい気持ちが強まった。「高校生のままだろうが契約を勝ち取りさえすれば、学校の出席もある程度は融通が利くようになるはずだ」。そう考えて、必死で練習に取り組んだ。今にして思えば、その時期が人生で一番厳しかったかもしれない。弱音を吐いたりする場所もなかったから余計に苦しかった。両親にも心配を掛けたくなかったので、そんなことは言わずにおいた。学校の同級生は遊ぶ話をしていて、もちろん自分も遊びたいと思うときもあった。でもそれ以上に「サッカー選手になるんだ」という思いの方が強かったし、何よりもサッカーをしている時は辛いことも忘れられた。サッカーに救われていたとも言えるかもしれない。

そして高校3年生に上がってトップチームの練習に参加させてもらい、その後すぐプロ契約を結ぶことができた。2種登録も含めたプロ契約だ。これで高校生でありながら、Jリーグの試合に出る権利を勝ち取ったことになる。

トップチームの練習にも参加するなど実績もあったから、突然降って湧いてきた話ではなく驚きはなかった。それでも「小学校6年生のときから夢見てきたプロサッカー選手になれた」という思いもこみ上げ、素直に嬉しかった。まだ代理人はいなかったから、給料などの部分は親がクラブと話をしてくれた。野球少年だった頃から支え続けていてくれた両親に対して、まずは一つ親孝行することができたという思いもあった。そしてようやく、厳しい日々から解放されるという安堵感も覚えた。

マリノスの一員だけれども消滅してしまったフリューゲルスの出身だから、横浜F・マリノスの「F」の部分は絶対に忘れない。そう誓って、プロの世界に足を踏み入れることにした。ユース時代はトップチームのホームゲームをほぼ毎回見に行っていたけれど、今度は自分がピッチに立ってプレーを見せる番だ。悲願だったプロサッカー選手になったら、今度はさらに上を目指すように自然と心構えが変わっていった。スタメンを勝ち取って試合に出続けなければいけないし、日本代表にも入りたい。世間は21世紀に突入して祝賀ムードに沸いていたころ。2年後には日韓ワールドカップを控えていた時代だった。

第3章
光明
実力主義のなかであらがいながら

▼プロだからこそ貪欲にプレーする

2000年、ミレニアムの年。

プロ契約を勝ち取りはしたものの、自分が高校3年生であることに変わりはない。当時のオズワルド・アルディレス監督に目を掛けてもらって「トップチームの練習にずっと出ていてくれ」と言われたのは嬉しいことだったけれども、学業との両立は相変わらずだ。しかしプロ選手になったということと、これまでほとんど休んだり課題をサボったりしなかったことを学校側が評価してくれて、ある程度の融通を利かせてくれるようになった。例えばトップチームの練習が午前中にあれば、そこに参加して練習着から制服に着替えて学校へ。午後の5、6時間目だけ出て「遅刻」扱いにしてもらう。練習が午後なら、1時間目前のホームルームだけ出て「早退」にしてもらい、そこからすぐ練習に行く。そうやって何とか「欠席」の日数をできるだけ減らし、出席日数が足りるようにやりくりしていた。遠さは同じだから大変なのは相変わらずだったけど、全部出ていたアマチュア時代に比べたら雲泥の差だった。

こうして夏ごろからはトップチームの練習に本格的に参加していた。しかしユースの大会があるときは、そちらを優先する方針でやっていた。他にもトップに参加していた選手はいたから普段の練習ではなかなかメンバーはそろわなかったけれども、大会になれば話は別。日本クラブユース選手権は同じく2種登録されていた金子勇樹とボランチを組んで圧倒的に優勝。京都パープルサンガ（当時）ユースとの決勝も、負ける気がしないぐらいの内容だった。合併して競争が激しくなったこともあり、当時3年生だったメンバーは結局全員がプロ入りを果たしたほどの状況。学年が一つ下の栗原勇蔵と榎本哲也も含めれば、11人全員がプロになった。これも合併したことで大会に2チーム作って出られるほどの大所帯になり、そこから力のあるメンバーが洗練されていった結果だと思う。もちろんその中のチーム内競争でまた勝っていかなければいけない。小学生時代、はるか遠くに見えていた彼らにいつしか肩を並べ、厳しい環境にもまれて成長できていたと思う。負けず嫌いの性分と、「自分には才能がない。他人と同じことをしていても他人と同じままで終わってしまう」という思いを絶やさずにいたからこそ。そしてフリューゲルスユースという地でもまれ続けたからこそだ。

その頃にはもう、本格的にトップチームに帯同して試合に絡めるかどうかという当落線上の立ち位置まで来ることができていた。実際にアルディレス監督には「これからは試合に使っていくよ」くらいのことを言われていた。

しかし秋に「異変」が訪れる。U－20のFIFAワールドユース選手権（当時）のアジア最終予選メンバーに飛び級で選ばれたのだ。チームの中でようやく少しずつ存在感を出せ始めていた頃に舞い込んできた話だったから、今だから明かせるけど微妙な心境だった。クラブ側も乗り気ではなかったけれど、「クラブに残ってほしいけれど、将来の本人のことも考えれば断れない」と渋々送り出すような形。そこで事前合宿も含めると2カ月ほどチームを離脱しなければいけない状況になった。

会場は中東のイラン。飛び級で年上の日本代表に交ざって試合に出続けられるだけの実力を持っていなかったせいだけれど、自分の中では不完全燃焼の日々だった感覚がある。当時はほとんどのメンバーがプロ選手で、高校生で選ばれたのは自分の他に大久保嘉人、青木剛、中澤聡太、田原豊の4人だけ。プロと高校生ではやはり力の差があって、なかなか壁を打ち破れずにいた。中でも同部屋だった嘉人は自分と同じで出番が少なく、国見（長崎）で高校選手権を控える大事な時期だったから、2人で互いに「このままじゃいけないな」と話し合っていたのを覚えている。結局大会は準優勝して本大会の出場権を得たけれど、最後まで出番は少なかった。

ただ、何も収穫がなかったわけではない。試合に出られない悔しさを味わい続けたのはほとんど初めてと言っていいほどの経験。合宿中の練習でもベンチで試合を見ながらでも、試合に出るためにどうすればいいのかを必死に考えた。その悔しさを味わえたのは自分にとって大きな経験だった。だから、「チームに帰ったら絶対にこの悔しさを晴らしてやる」という強い思いを抱えながら帰国便に乗ったのを覚えている。

それなのに、いざ帰国してきてからも微妙な空気だった。チームは5年ぶりにファーストステージを制覇しており、セカンドステージ覇者の鹿島といざチャンピオンシップ（CS）で対戦するという状況。中学生時代にヴェルディ川崎－鹿島のCSを何度も何度も見ていた身としては、そこはどうしても出たいあこがれの舞台だ。しかしアルディレスの監督室に呼ばれて、こう言われた。「本心ではメンバーに入れてやりたいけれども、隼磨はずっとチームに帯同していなかった。ここは他の選手がいるから我慢してくれ」。仕方がないことだった。

当時はベンチ入りも含め16人しかメンバーに入れないレギュレーションで、ホームの第1戦（△0－0）はスタンドで指をくわえながら眺めているだけ。国立競技場で行われたアウェーの第2戦はそれでも特別に「17番目のメンバー」として帯同を許され、ベンチの横で試合の行方を見守っていた。試合は24分に鹿島の鈴木隆行さんに先制点を奪われると、その後も39分に名良橋晃さん、44分には中田浩二さんにゴールを奪われて前半だけで3失点（●0－3）。さすがに「自分がピッチに立っていれば結果が変わっていたかも」なんて思えるほどの自信はなかったけれども、少なくとも「国立でやるCS」という、あこがれていたピッチまでの距離は、近いようでものすごく遠かった。

それでも、天皇杯には間に合った。3回戦からの出場で、初戦は福岡県代表の福岡大に勝利。これがトップチームでのデビュー戦となった。続く4回戦はコンサドーレ札幌に2

－1で勝ち、ベスト8進出。そこで当たった次なる対戦相手はアントラーズ。CSのほかにヤマザキナビスコカップも制覇して2冠の強豪に、今の自分はどれだけ通用するのか――。すごく楽しみだった。

結果から言ってしまえば、延長戦も含めた120分間を戦っても1－1と決着がつかず、PK戦で敗退。それでも両チームともベストメンバーで臨んだガチンコの試合で、自分自身としては「やれている」という手応えは感じられた。結局アントラーズは天皇杯も勝って3冠。日本で一番強いチームとの対戦である程度通用したという経験は、自信を得られる一つのターニングポイントになった。

とはいえプロになってトップチームに本格合流したはいいものの、まずチーム内での競争がものすごく激しかった。当時の横浜F・マリノスは日本代表が何人もいたような精鋭ぞろいで、まさに日本トップレベル。高校3年生の自分にとっては日本の最高峰にいる選手たちのプレーやメンタリティー、環境を直接肌で体感できるという何物にも代えがたい貴重な経験ができた。ピッチのど真ん中でボランチをやらせてもらっていて、後ろにはマツさん、そして（川口）能活さん。前には俊さん（中村俊輔）やアツさん（三浦淳宏）、柳想鐵（ユ・サンチョル）さん。挙げればキリがないほど、おそれ多いくらいのメンバーに囲まれていた。

そして彼らは日々の練習の中から、本当に厳しい目で自分を見てくれた。能活さんはGKなのにボランチの自分のところまで全力で駆け寄ってきて、「何やってるんだ」と胸倉をつかまれるような勢いで怒ってきた。マツさんもそう。チームの勝利を第一に考えて、ふがいないプレーに対しては殴り掛かってくるような剣幕でまくしたてられた。周囲から見たら「ちょっと言いすぎだよ」と思われるくらい。今の他のチームでは考えられないくらい厳しい環境だった。

けれど、そこで毎日のように叱咤激励されたのは今になって思えば本当にありがたいことだし、何より自分も一方的に言われっぱなしでは悔しい。だから「何くそ」と思って、怒られた後には「次は絶対にいいプレーをしてやろう」と奮起した。ピッチの中では年上も年下もない。だから自分のしたプレーに根拠があると思ったときは、怒ってくるマツさんや能活さんにも逆に食ってかかった。こうした厳しい経験を通じて、山雅にいたるまでプロ選手としての情熱や闘う気持ちを培うことができたと思う。

そして彼ら同士も激しく言い合いをするけれども、ひとたびピッチを出ればケロッとしていた。例えばマツさんと能活さんが試合中に大ゲンカをしても、終了後のロッカールームでは「おうヨシ坊、悪かったな」「マツ、すまなかったな」といった具合。そんなシーンを何回も間近で見続けていて、「これがプロなんだ」「こういう関係は素晴らしいな」としみじみ感じたものだった。

その経験を振り返ってみると、どうしても今の若い選手たちには苦言を呈したくなってくる。自分の若い頃に比べると、ピッチ外では気を遣えないのに、ピッチ内だと妙に遠慮してくるのだ。自分に言わせればそんなのは全く逆。ピッチ内では遠慮することなんて何もない。今の山雅でもそういう選手が出てきてほしいと思っているし、実際にそう言ってはいるけれども、本当に心の奥底に響いているのかどうかはわからない。若手がそれに気付く手助けをするのも、山雅での自分の使命だと思っている。まじめに黙々と頑張る選手なんてどこにだってたくさんいるけど、それだけでは最後まで普通の選手で終わってしまうから。頭一つ抜け出すには、やっぱりこうした厳しさが必要なんだと強く感じている。

連戦に対する気構えにしても、同じことが言える。例えば05年のマリノスでは、4月から5月にかけてACLも絡んで13連戦なんていうとんでもないスケジュールが組まれた。4月2日の第3節から5月15日の第12節までリーグ戦が10試合あったのに加え、ACLのアウェー2試合を含む計3試合が割り込んでくる日程。だが、そのうちターンオーバーした第11節のアウェー・サンフレッチェ広島戦を除く12試合に全て出場した。自分にとってみたら「また試合ができる」という喜びが先行していたから、「キツい」なんて考えは浮かんでこなかった。唯一出場しなかった広島戦も「絶対に休め」と厳命されていたのに出たかったから、コーチの樋口（靖洋）さんにお願いした。それでもダメで、「もう監督に直接言ってくれ」と言われて岡田（武史）監督に直訴したくらいだ。しかもマツさんなどの日本代表選手は、そちらの活動もあるからさらにハード。そんな状況よりマシな自分たちが弱音を吐いていいはずがない。だから今の若い選手たちも、ちょっとくらいの連戦で音を上げず「貴重な経験を積めるチャンス」だと前向きに捉えてもらいたいと思う。

それに当時は、日本を代表する偉大な先輩たちの背中を見て、「どういう場面でどのように行動しているのか」を間近で観察できたのも大きい。彼らだって何回もミスをするけれど、その直後に全く動揺せずに信じられないようなすごいプレーをしたりする。「何でそんなことができるんだろう」。そんなことを考えながら過ごす日々は、常に課題が発見できる貴重な時間だった。毎日トライ&エラーを繰り返しながら成長を実感することもできたので、それは本当に大きな財産だったと思っている。それに一方的に言われっぱなしじゃ本当に悔しいから、自分がいつか結果を出して見返してやろうというプライドも胸の中にあった。

だからこそ、「絶対に抜いてやる」という気構えで練習からガツガツ削りに行った。当然、高校3年生の若造に削られた彼らには容赦なくやり返された。俊さん（中村俊輔）やアツさん、上野良治さんや遠藤彰弘さんなど偉大な先輩たちが相手だから、ボールを奪うことができない場面なんていくらでもあった。でもそんなことくらいで気持ちが折れてしまったら、ルーキーの選手なんてプロとしては間違いなく終わりだ。だから、どれだけかわされても吹き飛ばされても怒鳴られても、気持ちを前面に出して日々の練習から立ち向かっていった。貪欲にガツガツ行くことが自分の持ち味だと信じて。

今にして振り返ってみると、よくあれだけのメンバーに遠慮なく嚙み付きに行っていたと思う。今も同じだけど、真っすぐに自分の熱量をぶつけていかないわけにはいかない。プロとしての最高のステージに立って大舞台で活躍できるだけの選手になるには、いちいち立ち止まっている暇なんてない。小学校、中学校、高校と厳しい環境を駆け抜けてきた自負があったとしても、プロの世界はさらに高い壁が毎日でも、毎年でも待っていた。

先輩たちは当然厳しかったけれど、ふとした瞬間にアドバイスもしてくれていた。例えば若手の自分が試合中、チーム全体のバランスを考えながらプレーしそうになったときのこと。ダブルボランチを組んでいた上野良治さんが「自分のことだけに集中しろ」とサラッと声をかけてくれた。僕自身が躍起になって頑張ることはもちろんだったけれど、冷静になって考えてみればごもっとも。プロ1年目の若造が、たとえ戦況を見ることができていたとしても、チーム全体のことを動かすことなんか完璧にはできなかったんだから。今は上の選手たちがやってくれる。「ああ、自分なんかがそんなことを考えなくてもいいんだ。自分のプレーをちゃんとやれば、それがチームのためになるんだ」。プロ挑戦の1年生だった自分は、そうやって切り替えることができていた。

そして彼らの多くは、自分に対してもピッチ外では気さくに応じてくれた。中でもアツさんはかなり世話を焼いてくれた。フリューゲルスのトップチームからマリノスに来たから、もしかしたら僕がフリューゲルスユース出身なのを知っていて親近感を抱いていたのかもしれない。練習の前後など、折に触れて向こうからしきりに話しかけてくれたのだ。CS第2戦の会場となる国立競技場に向かうバスでも、一番後ろの席に座っていたアツさんが「隣に来いよ」と言ってくれたので居場所ができた。もちろん自分にしても他の選手たちと積極的にコミュニケーションを取りたいとは思っていたけれども、先輩たちの偉大さがおそれ多くてなかなかこちらから話しかけられるような状況じゃなかった。だからこそ、アツさんがそうやって接してくれたことは本当にありがたかった。

アツさんは翌年の2001年に東京ヴェルディに移ったけれど、関係はその後も続いた。ちょうど自分も02年途中から1年半、レンタルでヴェルディに移籍。その当時は、ほとんどアツさんと一緒に過ごしていた。昼食は毎日のように一緒に食べていたし、その時期にゴルフを始めたのもアツさんが教えてくれたからだ。

寮に入っていた能活さんも、公私ともにお世話になった人。最初はそもそもワールドカップに出ているような偉大な選手が寮にいること自体が驚きだった。それなのに当の本人は持ち前の「天然キャラ」なのか、風呂場で一緒になったときなどに他愛もない話を持ち掛けてくれたりしていた。

そのうち、こちらも「車が好きなんですか?」と聞いてみた。7歳年上だけれども、気軽にそんな話ができる間柄になっていたし、寮の駐車場には能活さんのスポーツカーが停まっているのを知っていたからだ。自分も小さい頃からカッコいい車にあこがれていたし、まだ運転免許は持っていなかったけれどもいつかは自分も乗りたいと思っていた。そうしたら能活さんは「じゃあ今度ドライブに連れて行ってやるよ」と言って、何回か横浜ベイブリッジなどに連れていってくれた。カッコいい車をただ外から見ているだけなのと、実際に乗ってみるとのでは違う。助手席に座って横浜の夜景を眺めながら、「自分もいつかはそっち側に座るんだ」という気持ちにさせられた。そもそも車に対するあこがれは小さい頃からあった。中学生時代にヴェルディの練習場に招待されたときはポルシェなどの高級車がズラリと並んでいて圧倒されたし、フリューゲルスの寮にいたときも同じ思いを抱いたものだった。

能活さんが世話を焼いてくれた部分は、それだけではなかった。日本代表での活動もあって本当に多忙な中、わずかな合間を縫って食事にも誘ってくれたりしていたのだ。そこで能活さんのこだわりを目の当たりにし、ピッチ外でも高いプロ意識を持ち続ける必要性にも改めて気付かされた。揚げ物を一切食べないのは当たり前。脂っこいものも口にしない。個人トレーナーの指導に基づいて体調管理をしていて、それに従って鶏肉を中心に摂っているというような話も聞くことができた。あれから年月が経った後に顔を合わせるたびに、「あの時はよくドライブに連れて行ってやったな」「隼磨も大人になったな」なんていう昔話に花が咲く。

（城）彰二君もなぜだかかわいがってくれた。普段はなかなか近寄りがたいオーラを発しているのに、食事に連れて行ってくれたり、クラブハウスで自主トレを一緒にやったり。こうしたことを一つひとつ振り返ってみれば、フリューゲルス時代のヤットさんも含めて、自分は素晴らしい人たちとの出会いに本当に恵まれていた。努力をしても報われないことはもちろんあるけれど、努力をしなければそういうチャンスは巡ってこない。もしかしたら子どもの頃から「他人よりも何倍も何十倍も、何百倍も努力しなければいけない」という気持ちでやってきたからこそなのかもしれない。今後の人生でも同じスタンスで、素晴らしい出会いを引き寄せていくつもりだ。そしてそれは、サッカー以外にも言えることだと思う。

▼「移籍」がもたらした光明

プロ入りした当時のポジションはボランチか右サイドバック。フリューゲルス時代から引き続きＦ・マリノスユースの監督を務めてくれた安達亮さんが、自分の将来を考えて色んなポジションを経験させてくれたのではないかと思う。もちろん自分自身でも、いくつかのポジションをこなすことができなければ上にいけないと感じていた。ただ、それ以上に当時から「どこか1か所でスペシャルなプレーができるポジションをつくっておかなければ生き残ることができない」とも感じていて、ピッチ中央で攻守に存在感を出せるボランチでスーパーになるんだと思っていた。実際にその年にトップチームで経験した天皇杯3試合も、全てボランチでの起用だった。

とはいえ、当時同じポジションだったボランチ陣の顔ぶれはそうそうたるメンバーだった。俊さんと上野良治さん、遠藤彰弘さん。彼らに対しては立ち向かっていったところで、スルリとかわされてガツガツ行けない。それくらい次元が違いすぎた。2001年にユースの同期でトップチーム昇格を勝ち取った選手のうち、フリューゲルス時代から一緒だった坂田大輔はセカンドステージに入って順調に出場機会を増やし、2ゴールも挙げていた。金子勇樹は同じポジションに俊さんがいたからさすがに苦しんでいた。

肝心の自分はと言うと、2ステージの計30試合中16試合に出場はしたけれど、このうち交代出場が10試合でプレーした時間は754分。決して自分自身で満足できる出場時間だとは言えなかった。

そのシーズンが終わった後は、年初から波乱万丈だった。まずはさらなる刺激を受けたくて、短期留学に行くことにしていた。バルセロナが好きだったのもあり、行き先はスペイン。代理人づてに受け入れ先を探してもらい、当時2部のスポルティング・ヒホンで3週間ほど練習参加できることが決まった。

それと並行して、レンタル移籍の話が浮上していた。その先は、それこそ個人的に縁のあるクラブの東京ヴェルディ。Jリーグ初年度のCSを見てあこがれ、ユースの進路を決めるときに最後まで悩んだクラブだ。当時は両クラブともにブラジル人監督が指揮官で、ヴェルディがロリ・パウロ・サンドリ、マリノスがセバスティアン・ラザロニ。この2人の間でも選手情報のやりとりがあったことで、話はほとんどまとまっていた。実際に自分も横浜のホテルでヴェルディのフロントと面会し、「スペインに短期留学に行くので、帰ってきたらお世話になります」と口頭で合意していた。

そして正月が明けてすぐ、大荷物を抱えながら単独でスペインに飛んだ。1人で成田まで行き、フランクフルト経由でバルセロナへ。そこからさらに国内線を使い、ようやくヒホンにたどり着いた。スペイン語もカタルーニャ語も当然わからないから、乗り継ぎや入国は英語とジェスチャーで何とか乗り切った。現地では代理人の紹介で通訳など身の回りの世話をしてくれる人がいて、一緒にヒホンの寮に連れて行ってもらった。

そこはスペイン国内でも有数とされる育成システムがあるクラブ。16年現在バルセロナの監督を務めているルイス・エンリケも現役時代に所属したチームだ。グラウンドは10面以上もあり、その隣にクラブハウス。そしてその横には、トップチームの選手がホームゲーム前に前泊できる施設まであった。自分と同じような若手の練習生も世界各国から大勢来ていて、それぞれ別の言葉だから意思疎通は難しかったけれど、ひとたびピッチに入れば同じサッカーはサッカー。監督の意向で通訳は練習場に入れない方針だったから、メニューをスペイン語で言われても当然のようにわけがわからない。それでも周りの選手たちがプレーやジェスチャーで教えてくれたりしたから助かった。当時は「速くて上手いヤツがいるな」と思っていたら、彼はダビド・ビジャだった。ヒホンを振り出しにサラゴサ、バレンシアを経てバルセロナでプレーした世界的ストライカー。そんなレベルの高い環境に身を置くことができて、充実した気持ちを抱えながら帰国した。

しかしそんな充実感は、帰国と同時に一気にかき消えてしまった。ヴェルディへレンタル移籍するはずの話がこじれていたのだ。ユース時代に所属先のクラブが消滅したように、またしても自分の力の及ばない場所で。

顚末を語るとすれば、クラブ間で発生した選手の移籍が発端だ。ボンバー（中澤佑二）がヴェルディからマリノスに移籍するという話になり、一気に両クラブの関係が悪化したらしい。時期はすでにキャンプ真っただ中の2月。プロクラブであれば身体を鍛え上げる期間が終わり、シーズンに向けて実戦形式と同時にスターティングメンバーが固まってくる頃だ。結局ボンバーのマリノス移籍は決まったけれど、若手の自分にとって最大の弊害となったのは割を食って後回しになったことだった。

合意していたはずのヴェルディ側の態度が一変してしまい、新シーズンを目の前にレンタル移籍の話は消えてなくなってしまった。

マリノスはちょうど前の01年シーズンに苦戦していたことも相まって、挽回のために代表クラスの選手を何人も補強していた。当時DFとして台頭してきたボンバーを筆頭に、他にも奥大ちゃん（奥大介）や清水範久、ウィルらがいた。そうそうたるメンバーがそろってくる中で、そもそも構想外でレンタル放出される予定だった自分は輪をかけて厳しい状況。「プロの世界はこういう世界なんだな」と肌で感じた。移籍をめぐって当たり前に起こる騒動だったとしても、今後ピッチ外でのさまざまなトラブルに巻き込まれるのは絶対に避けたいと思わせられる出来事だった。

レンタル移籍の話がなくなってまったことを嘆いても仕方ない。厳しい状況の中でも、プロ選手としてやるからにはあきらめずに前に進まなければならない。ルーキーイヤーよりもさらに己を奮い立たせて、練習では自分よりも格上の選手たちに立ち向かい続ける姿勢をアピールする日々を送った。やっぱりチームメイトを削るくらいの覚悟で向かっていき、何度もかわされて、逆に何度も削られる。それでも気持ちを絶やさずに何度もチャレンジした。その姿を当時、ラザロニ監督が見ていてくれたのかはわからないけれど、同年の5月に再びチャンスが巡ってきた。ヤマザキナビスコカップの予選リーグ残り2試合、2002年5月9日のガンバ大阪戦（◯2－1）、5月12日のジェフユナイテッド市原戦

（●1－3）でフル出場する機会を得ることができたのだ。特にガンバ戦は58分に相手ボールを奪ってからドリブルで3、4人抜いてウィルに繋ぎ、先制点に絡むことができた。市原戦は1－1の後半に2失点して負けてしまい、チームとしては1勝1敗。しかし自分自身としては5カ月近くも公式戦から離れていたのにある程度の手応えを感じることができていて、調子が少し上向いた状態になっていた。マリノスというクラブで何とかしてポジションを確保するために、限られた1試合1試合にエネルギーを全てぶつけていた。

努力を続けてチャンスを掴もうとしていたとき、今度は正式オファーとしてヴェルディのスカウトを務めていた加藤善之さんから期限付き移籍の打診が届いた。戦力として認めてくれた上で新しいチャレンジができる。今度こそ、チームの事情に紛れて消えたりしない、ちゃんとした期限付き移籍のオファーだった。

出場機会の限られた中、ヤマザキナビスコカップを通じて自分のプレーをアピールできたというわずかな光明を見出せていた時期。だからこそ、当然悩んだ。求められなければ生きることのできないプロとして、どこで勝負をするべきか。今後を考えれば、選択は簡単なものではない。それでも最終的には、好機として前向きに捉えて移籍を決めた。

そして何よりもラザロニ監督とロリ監督の間では「本来はボランチだけれども右サイドバックとしても起用できる選手で、今のマリノスではなかなか出場機会も得られない状態だから放出しても良い」と話がついていたと聞いた。この時点でマリノスの戦力としては必要ないと判断されていると考えることもできる。そうであれば、期待されている新天地で試合に出場することが自分のためになると考えた。

プロを目指してJリーグアカデミー入りを果たした中学生時代を思い返してみれば、獲得を希望してくれたヴェルディは進路として最後まで選択肢に残っていたもう一つの場所。プロ入りしてからそれを果たすことができる嬉しさはあった。ただ半面、当時のヴェルディとマリノスはJリーグ創成期から人気を分けた名門クラブであり、ライバル関係だったから「禁断の移籍」みたいなもの。ましてや自分のような若造がいきなり入ってきても、なかなかチームに受け入れてもらうのは難しい状況だった。ゾノ（前園真聖）さんやエジムンド、北澤（豪）さんもいた。その強烈なチームの中に無名の若手が一人で入っていく――。横浜F・マリノスに続いて、これも試練の一つだったと思う。そんな中で唯一の救いだったのは、マリノス時代からさんざん世話を焼いてくれ、前年からヴェルディに移籍していたアツさんの存在だった。

試合ではヴェルディの補強ポイントだった右サイドバックとして起用され、ボランチとはまた違った手応えを得ることができた。当時のブラジル代表のように両サイドバックが高い位置を取って、それをボランチがカバーするようなアグレッシブなスタイル。ロリ監督にも「攻撃的にプレーしろ」と常々言われていたし、前線にはブラジル代表でも活躍していたエジムンドやJリーグで記録を打ち立てているマルキーニョスといったボールキープが得意な選手がいたので、すごくやりがいを感じながらプレーすることができた。今でも果たして右サイドが自分の適性なのかはわからないけれど、そのときからは「このポジションでスーパーになるんだ」という思いにだんだんと変わっていった。運動量やクロスなど、自分のストロングポイントを生かす術を得られた時期だったと思う。

ただ、理想のサイドバック像というのは今でも特に持っていない。あえて言うなら、どんなチームスタイルであろうとも、戦術や状況に応じてプレーを理解できて最大限の力を発揮することが理想だろうか。「勝てるチーム」のサイドバックにはいい選手が必要だと思っている。もっと言えば、複数のポジションができるサイドバックがもっといい。ボランチもできればその立場もわかるし、より特別な存在になれると思う。

当時は期限付き移籍で所属している以上、助っ人として試合にでるのは当たり前だと思っていた。ましてやヴェルディは残留争いに巻き込まれている苦しいチーム状況だったから、そこから脱するための力にならないといけないと思ってプレーしていた。自分のことを考えれば、「試合経験を積む」のはもちろんだけれど、「自分は何のためにここにいるのか」ということを常に考えていた。ライバルクラブへの移籍という決断をしてまでこの緑色のユニフォームに袖を通した。であれば身にまとっている瞬間は、何が何でもチームの勝利に貢献するというのが第一だし、それがプロとしての自覚や覚悟なんだと思う。

だからというわけでもないけれど、ピッチ内では遠慮せずに発言した。中でもエジムンドとのやり合いは印象に残っている。母国のブラジルはもちろん、サッカーの本場イタリアでもキャリアを積んだ世界有数のストライカー。一時期はブラジル代表の中心選手でもあった。確かに前線でボールキープするのは上手いし、チームにとっては重要な得点源となっていた。けれどもボールロストも多く、そのときには取り返しに行くプレーをほとんどしない。それが気がかりだった。自分は当時20歳にもなっていないような若造だったけど、ある試合中に日本語とポルトガル語を交えて「ボールを失ったらちゃんと守備をしてくれ」と指摘した。年上だろうが格上だろうが、ダメなものはダメ。そう思い、自然と口を突いて出た。

チーム内でもエジムンドに注意を与えるような人間は基本的にいなかった。実際に結果も出していたので、「暗黙の了解」だったのかもしれない。なのに、11歳も年下の若造に生意気なことを言われたのがよっぽどハラに据えかねたのだろう。その後は試合中もハーフタイムのロッカールームでも、ものすごい剣幕で延々と怒鳴られっぱなし。後で通訳に何と言っていたのかを聞いても、到底訳せるような内容じゃなかったらしい。

それでもピッチを出れば、そのわだかまりを引きずるような関係でもなかった。単に向こうからしてみれば、歯牙にかけるような存在じゃなかっただけなのかもしれないけれど。実際にその年の7月27日・ファーストステージ第11節清水エスパルス戦で挙げたプロ初ゴールは、エジムンドがアシストをしてくれた。それと前後してアドバイスを送ってくれたことも、自分がエジムンドのゴールをアシストしたこともある。

そんな02年は日韓ワールドカップが行われた年だ。それに合わせてJリーグも2国開催に伴う中断期間が発生していた。日本で初めてとなるサッカーの祭典が終わり、7月に再開された頃からは、自分自身もポジションを確保できるまでに成長していた。ファーストステージの残り8試合全部に先発。プロ初得点を含む2ゴールもマークすることができた。セカンドステージは出場停止やケガもあって8試合だけの出場となったけれども、シーズンを通してみればヴェルディというクラブで試合経験をきっちり積んで終えることができていた。

自分がレンタルでそういう経験をしたからこそ、若い選手たちに伝えたいことがある。

当時も今も、よっぽど実力が飛び抜けていない限りはトップリーグで出場機会を勝ち取る

楽天
ICHIBA
20
28

在籍したヴェルディにはエジムンド、マルキーニョスが所属した。写真：Torao Kishiku

のはなかなか難しいものだ。けれどもサッカー選手は試合に出てこそ価値があるし、公式戦でしか得られないさまざまな経験がある。もちろんトップクラブの中に身を置くことに価値を見出すのも一つの考え方ではあるけれど、勇気を持ってレンタルで飛び出す選手が少なすぎるんじゃないかと感じている。自分はその当時から「実戦経験こそ何物にも替えがたい貴重なものだ」と思っていた。だから、悩んだ末の結論ではあるけれどもマリノスを飛び出した。もちろんレンタル移籍したからといって、必ず試合に出られる保証があるわけじゃない。それでも、少しでも公式戦の経験を積める可能性を模索していってほしい。それは04年にマリノスに戻って以降も09年にグランパスに移籍してからも、年下の選手を見て感じ続けていたことだ。特にビッグクラブはクラブハウスもあるし食べ物も出てくるし、練習着は洗ってくれるしスパイクもきれいにしてくれる。まさに「至れり尽くせり」だ。その恵まれた環境に甘ったれて、とどまっている選手が多すぎる。そうじゃない。試合に出られない悔しさが少しでもあるのなら、たとえ環境面などのグレードが下がってしまうとしても、勇気を持ってどんどん実戦機会を求めていくべきだと思う。何より自分自身がレンタル移籍で成長できたという実感があるから、そのシステムは素晴らしいものだと感じている。

そうやってレンタル移籍を決断して出場機会をつかみ取った矢先に、前クラブにあたるマリノスと対峙することになった。ヴェルディに加入して2試合目のファーストステージ第9節。当時はまだ「レンタル元との試合には出られない」という契約条項はなかったから、自分も右サイドバックで先発した。ちょうどその試合が日韓ワールドカップ直後、それこそ俊さんがイタリア・セリエAのレッジーナに移籍する前の最後の国内試合だ。試合に出場経験を重ねているさなかで経験の浅い部分もあったから、ついこの間までチームメイトとして肩を並べていた選手たちを相手に対戦するのはすごく不思議な感覚で、「これもプロの世界なんだな」と感じていたものだった。国立競技場は満員の52073人で埋め尽くされ、会場内雰囲気には驚かされる圧力があった。試合は俊さんのPKが決勝点となってマリノスに2－1で負け、終了後にはあいさつに行った。「イタリアでも頑張って下さい。自分もこっちで頑張るので」。俊さんも、レンタルで出て行った自分のハングリー精神を買ってくれていたのかもしれない。「お前も上を目指して成長し続けろ」と応じてくれて、その偉大な背中を追いかけたいと感じた。そしてユース時代から身近にいた先輩が、サッカーの本場で活躍してくれるのを楽しみにもしていた。

その年は、2年後のアテネオリンピックを目指すU－21の日本代表にも選ばれた。高校時代のワールドユースアジア最終予選ではほとんど実戦機会を勝ち取ることができなかったけれど、今度は違う。9月から10月にかけて韓国で行われたアジア大会に、主力として出場することができたのだ。「日の丸」を背負いながらピッチでしか味わえない経験を積めたし、最終的には準優勝。イランと戦った決勝の会場はほとんど満員という素晴らしい雰囲気の中で闘うことができた。

それに、アジア大会はサッカーだけでなくさまざまな競技がある。アジア各国から集まる他競技のアスリートたちと一緒の選手村に滞在し、交流したのも刺激になった。

だが、その代償も小さくはなかった。ヴェルディで試合経験を重ね、アンダー世代の代表でも試合に出ていた。選考合宿にあたるトレーニングキャンプや海外遠征も含めれば、プロに入って初めて中3日、中4日という過密な日程を過ごしていた。そして迎えた10月26日。セカンドステージ第11節・アウェー浦和戦の前日練習で、左の第5中足骨を折ってしまったのだ。それまでは大きなケガなんてなかったから、余計にその瞬間の感覚は鮮明に覚えている。味方の選手に後ろから押され、踏ん張ろうとして不自然な形で足が地面に着いたとき。「ポキッ」と音がした。「あれ、おかしいな……?」。今までに体験したことのない痛みに襲われたのだ。その後ドクターに相談して近くの病院でレントゲンを撮ってみたら、ヒビが入っていた。疲労骨折だった。

それでも翌日の試合は延長も含めた120分間にフル出場し、その直後からすぐさまリハビリに入った。リーグ戦とアンダー世代の日本代表で試合に出続けられていたから、一刻も早く治して戦列に復帰したいという気持ちが強かった。けれどもそんな思いが裏目に出てしまったかのように、結果的には完治するまで相当な時間を要する厄介なケガになってしまった。

当初はドクターと話し合って、手術をせず保存療法で治す方針にした。しかし1カ月ほど休んで「さあ復帰だ」と思ったらまた痛みが出てきた。治りきっていなかったのだ。今度は手術という選択肢しかない。シーズンが終わった状況で、ドクターから告げられたのは全治3カ月。来シーズンの開幕から逆算すれば、間に合うかどうか本当にギリギリのボーダーラインだ。そんな中で迎えた12月、人生で初めて身体にメスを入れて患部をボルトで固定した。クリスマスも病院で過ごし、ようやく退院できたのは年の瀬だった。

03年も引き続きヴェルディにレンタルでプレーすることが決まっていて、年明けから必死にリハビリに取り組んだ。海外に行っているチームのキャンプにも帯同できず、クラブハウスでトレーナーとマンツーマン。ただ1人取り残された孤独感とも戦いながら回復に努め、何とか3月22日のリーグ開幕までには間に合いそうな状態まで持っていけた。

だがその矢先に、またしてもやってしまった。2週間前に先行して始まったヤマザキナビスコカップの予選第1節。前半でまた「ポキッ」と音が鳴り、ハーフタイムで交代となった。そこから全快までに要した期間は実に6カ月。何物にも替えがたいはずの貴重な試合経験を積めず、チームの力にもなることができない。本当に苦しい日々が続いた。

だが、そこからかけがえのない教訓を得た。小学校6年生からサッカーを初めて以降、大きなケガはなかった。しかしこの経験を通じて、自分の身体をしっかりケアすることの重要性が嫌というほど身に染みたのだ。プロ選手として試合に出始めたばかりだったから、当時は「これも貴重な経験だろう」なんて前向きに捉えることは到底できなかった。確かにそのシーズンの出場はリーグ戦10試合357分だけ。それでも今振り返れば、不可欠な1年だったと思っている。

それまでは若かったのもあって「なるようになる」くらいの感覚でいたけれど、その意識はケガで一変した。それまでのマリノス時代、先輩たちがやっていたことを思い返していた。俊さんが練習前後にやっていたケアや自主トレ、能活さんが徹底的にこだわっていた体調管理。こうした色々な場面が頭の中で甦ってきて、「ああ、こうならないためにやっていたんだ」と改めて痛感させられた。

だからこそ山雅1年目の14年に負った右膝半月板損傷に至るまで、大きなトラブルもなくフル回転し続けられたんだと感じている。

▼常勝チームへの帰還

そして翌年の2004年、マリノスに復帰することが決まった。本当はヴェルディから完全移籍のオファーをもらっていた。それでも03年にファーストステージ、セカンドステージの両ステージを制した完全優勝のマリノスに戻って成長した姿を見せたいと思ったのが一番の決め手だ。優勝を目指せるチームでレギュラーを勝ち取って日本のトップリーグの頂点に立ちたいし、試合に出られなかった屈辱を晴らしたいという気持ちに素直に従った。

決断を加速させた背景として、チームを率いていた指揮官の存在もあった。マリノスの監督には岡田武史さんが就任していたのだ。岡田さん本人から直々に「帰ってこい」と話をもらったのは大きな後押しになった。内心では後ろ髪を引かれる思いもあったけれど、それこそヴェルディは当時少しずつ、クラブとして下り坂にさしかかっていた事情もあった。

実際に「このまま中心選手として残ってヴェルディを強くしてほしい」と言ってくれて

いたし、条件面の提示もマリノスよりも高い評価をしてくれていると思えるだけの十分な内容だった。逆にマリノスを見れば、陣容は整っている上に、選手層も厚く盤石なものだったから、普通に考えれば割って入るのは難しい状況。周囲の人たちは「何でこの状況で戻るの？」という感じで、首をかしげていた人が大半を占めていた。

それでも自分がレンタル元に帰るのは、よりやりがいを感じられる選択肢を選びたかったからに他ならない。前年に完全優勝したチームに戻ってレギュラーになるのは、もちろん相当な覚悟が必要だと思っていた。だからこそ、そこでポジションを勝ち取って優勝できれば、プロサッカー選手としてこれ以上に栄誉で素晴らしいことはない。ヴェルディで積んだ試合経験、そしてJ1を戦う上での戦術理解やメンタルの成長を実感できたからこそ、過信じゃなく自信をつけて戻ることができた。

復帰したシーズンは今でも忘れられない。開幕の浦和レッズ戦から右サイドバックで先発を勝ち取ることができた。それこそファーストステージは11勝3分1敗で2位ジュビロ磐田に勝ち点差2の優勝。続くセカンドステージは6位とふるわなかったけれど、ファーストステージ王者として浦和レッズとのチャンピオンシップ（CS）に臨むことになった。15年にCSは別方式になって復活したけれども、当時からすれば2ステージ制最後のCS。特に横浜国際総合競技場（のちの日産スタジアム）で開催されたホームの第1戦には64899人という大観衆がつめかけてくれて、Jリーグの歴史の中でも一番入った試合になった。テレビ観戦も含めれば、おそらく日本中のサッカー関係者が注目していたと思えるような環境。ピッチに一歩足を踏み入れたとき、自分のサッカー人生の中で指折りのしびれるような感覚を味わった。

当時を振り返るとするならば、ホームとはいえチームの状態はレッズの方が良かったと思う。マリノスはケガ人が相次いでいてなかなかメンバーがそろわない中、浦和はセカンドステージを制した勢いを持ち込んで素晴らしいメンバーで臨んでくる。トゥーリオ（田中マルクス闘莉王）やハセ（長谷部誠）、タツヤ（田中達也）、エメルソンなど過去現在で活躍し、世界でも戦ってきた一流選手がスタメンに名を連ねていたのだから。試合は互いに3バックのミラーゲームで、右ウイングバックの自分とマッチアップする相手の左ウイングバックはアレックス（三都主アレサンドロ）。

たった一つのミスさえ許されず、一瞬たりとも気を抜くことができない状況。その中で当時日本代表として脚光を浴び、一番のサイドバックだとも言われていたアレックスと1対1でバチバチやり合った。「彼を抑えて自分もA代表に入ってみせる」という強いモチベーションもあって、自分の力を信じながら思い切ったパフォーマンスが出せた。オフザボールの状態から常に先手を取って、アレックスをディフェンスに回させるように駆け引きもした。もちろん特別な試合だから緊張が全くないと言えば嘘になるけれど、自分の中では不思議なくらい程よい緊張感で戦えていた。

試合は66分に右コーナーキックから（河合）竜二さんのヘッドが決まって1－0で勝利。6日後の第2戦に向けて大きなアドバンテージを得ることができた。

ただ、第2戦はさらにハードで苦しい戦いとなった。会場は真っ赤に染まったレッズのホーム・埼玉スタジアム2002。それこそ日本では珍しいくらいのムードが漂う大アウェーの地だ。

E23
坂田大輔
CIAL
the ダイヤモンド
E13
NISSAN
NISSAN
10
NISSAN
7

タイトル争いをする横浜F・マリノスでレギュラーを獲得。 写真：Torao Kishiku

ただでさえ難しい雰囲気の中、チームはさらなる苦境に立たされた。74分にボランチの中西永輔さんがエメルソンにファウルを与えて一発レッドで退場してしまい、守勢に回らざるを得なくなったのだ。

そのプレーで与えた直接FKをアレックスに決められて0－1。これで2戦合計1－1の同点だけれども、1人少ないアウェーのマリノスとしたらダメージはとてつもなく大きかった。トップの舞台で戦うのであれば、誰しもが相応の実力を兼ね備えているもの。そんな中で数的不利な10対11。自分たちは当然あきらめずにただ戦い続けるにしても、ピッチ外の心情としては目を覆いたくなるような光景だったのかもしれない。もちろんピンチの連続だったけれど、少なくとも虎視眈々と逆転の機会を伺うように、チャンスもつくりながら時間をかけて戦っていった。

サッカーは常に何が起こるかわからないが、特別な舞台ではなおさらだ。それを痛感したのは、終了間際の後半アディショナルタイム。浦和がコーナーキックを得て、マリノスのDF陣がトゥーをゴール正面でどフリーにしてしまった場面だ。絶好のチャンス。いつ

写真:Torao Kishiku

ものトゥーならコースを狙って100%きっちり決めてくるはずなのに、ヘディングはGKの正面。まさに九死に一生を得た。奇跡的にタイトルを狙える状況が、首の皮一枚でつながった格好。普段なら起こり得ないようことが起こって救われ、90分間の終わりを告げるホイッスルが鳴った。

延長戦に突入する前。客観的に状況を見れば「守り切ってPK戦まで粘れ」と指示が出るのかと思いきや、岡田監督は違った。余裕たっぷりの様子で「大丈夫だ、行けるぞ。1点取って勝とう」と言ってきたのだ。これにはビックリしたし、本当に行けるような気持ちにさせてくれた。岡田監督は普段からのコミュニケーションを大事にするし、戦術的な考え方も選手への落とし込み方も素晴らしいと感じていてリスペクトしていた。それにしても、この崖っぷちで笑みを浮かべながらそう言われるとは。今振り返ってみても、そのときのアプローチに対しては「岡田さん、ありがとうございます」としか言えない。

前向きに鼓舞してくれた効果もあったからなのだろう。前後半15分の延長に入ってからも、自分は疲れを感じないほどに普段以上の力を出すことができた。大観衆に見守られていた試合だったからなのか、中学生時代からあこがれていたＣＳの舞台だったからなのか。めったにないほどアドレナリンが出ていて、最後までしっかり走り切ることができた。まさに「火事場の馬鹿力」だ。これまで16年間のプロ生活を振り返っても、なかなかここまで一瞬に神経を集中させて、己の持てるものを使いきるように戦い続けられた場面は少ない。やっぱり、特別な舞台が力を引き出してくれたんじゃないかと思う。「日本代表などのトップレベルの選手は、常にこんな感覚を持って戦っているのかな」なんてことも考えた。瞬間にいろんなことが脳裏に浮かびながらも、相手のプレーに対応しながらチームの活路を拓くために、自分の身体を目いっぱいに躍動させていた。

どこまでも戦い抜いた末に、試合は同点のままＰＫ戦を迎えていた。相手が２人外して２－４。赤に染まったスタジアムが落胆ムードを色濃くする中、齢22歳にして初めてＪ１優勝という栄冠を手にすることができた。条件提示の良かったヴェルディから、あえてトップ選手が集うマリノスに戻ったからこそ。そして前途多難な強烈なチーム内競争でもまれてレギュラーの座を勝ちとったうえでの優勝だった。

MVP
¥1,000,000
アン・ジョンファン
36
2004
SUNTORY
CHAMPIONSHIP
J.LEAGUE
CHAMPIONSHIP

2004年12月11日、Jリーグのチャンピオンシップで自身初となる優勝を経験。
写真：Getty Images

子どもの頃に何度もビデオを見返していた、CSという最高の舞台でつかみ取った栄光。しかし満足感や達成感よりも、「もっともっと努力して、また優勝してこの思いを味わいたい」という貪欲な思いが自然と湧いてきた。

それと同時に、次なるステップに挑戦する意欲もかきたてられてきた。幼い頃からの決意は「プロサッカー選手になる」ことだったけれども、それは当時の夢。むしろ「少しでも上を目指す」という一貫した考えをめぐらせる中で、プロ選手ならばいつかはそこに辿りつく可能性がある。おのずと狙うべきとなるさらなる高み、日本代表だ。

U－21からはちょくちょくアンダー世代の代表には召集されるようになってきていた。スタミナを測るVMAテストでは、A代表も含めて当時の日本記録となる25本をマークして自信を深めることができた。ただ、その年にあったアテネオリンピックはギリシャでの直前合宿にも帯同していたけれど、最終的には選ばれなかった。「単に走れるだけではダメで、それを試合で効果的に示さなければいけない」。大きな教訓を得た。

▼日本代表・海外の刺激

その後に転機となったのは2006年。ドイツワールドカップが終わった直後にオシム監督が就任し、その初戦で日本代表に選ばれた。その時に岡田さんに言われたことは今でもはっきり覚えている。初めて監督室に呼ばれて、「お前は色んなことを吸収してすごく成長している。まだまだ伸びる部分はあるから、このまま代表に入り続けてしっかり戦ってくれ」と言われた。2年半くらい岡田さんの下でプレーしてきて、褒められたのは本当にそのときが初めて。どこか嬉しいような、それでいて奮い立つような、今までにない感情になった。

とはいえ実際に合流してみると、初のA代表は戸惑うことばかりだった。そもそもオシム監督は当初13人しか招集しておらず、メディアは「これがオシム流か？」なんて騒ぎ立てていた。A3チャンピオンズカップ（当時）が優先されていたからジェフユナイテッド千葉とガンバ大阪の選手を呼べない事情はあったけれど、それでも従来の代表とは全く異なるチーム運営方法だった。

23
23

2006年8月9日、日本代表のトリニダード・トバゴ戦で代表初出場を果たした。
写真：Torao Kishiku

「新生オシムジャパン」の船出となった8月9日のキリンチャレンジカップ・トリニダードトバゴ戦。日本代表のサポーターがひしめく国立競技場で、「オシム流」に戸惑いながら感慨に浸る間もなくピッチに立った。何しろスタメンは一向にわからず、試合前のピッチ内練習時も自分が起用されるかどうかわからない状況だったから。もやもやしながらウォーミングアップを終えて、試合開始直前のロッカールームでようやくスタメンだと告げられてピッチに向かった。A代表のユニフォームを身にまとって戦う喜び覚悟もかみ締める暇は全然なく、そのまま慌ただしく試合開始のホイッスルが鳴った。

そんな中でも、右サイドバックとしてしっかり自分の持ち味は出せたし、90分間フル出場してアピールはできたという実感はあった。

けれどもその後はベンチを温める役回りに甘んじていた。16日のアジアカップ予選・イエメン戦に始まり、同年最後の試合となった11月15日のサウジアラビア戦までの6試合はずっとサブメンバー。他に(本田)圭佑とか重要な選手は外すこともあったのに、オシム監督は練習中に「お前は必要な選手だから」と言ってくれて、18人のメンバーには必ず名を連ねていた。でも試合では控えで、途中起用もされなかった。

今でもサッカー選手である以上、代表は目指している。ましてや一度そこに入ったからこそ、日本を背負って立つことの重みや喜びをまた味わいたい。そしてプロを目指している子どもたちにも、日本代表という大きな夢を目指してサッカーに取り組んでほしいと思う。

そのシーズンが終わった後。さらなる刺激を求めて海外への練習参加を模索していた。同い年でユース時代からの友人・大久保嘉人が前年にマジョルカ（スペイン）に移籍するなど日本人選手の海外進出が再び活発になっていたことも手伝って、代理人に頼んで受け入れチームを探してもらった。そこで決まった練習参加先は、フランス・リーグアンの古豪サンテティエンヌ。サンフレッチェ広島などでプレーした元Jリーガーのイワン・ハシェックが監督を務めている縁で実現した。当時のリーグアンは松井大輔さんがル・マンでプレーしているくらいで日本人にとってもフランス人にとっても馴染みは薄い関係性だったけれど、そんなことはどうでもよかった。

単独での渡仏。片言の英語で何とか飛行機と電車を乗り継いで、ようやくサンテティエンヌに到着した。クラブハウスにある寮に泊まらせてもらい、練習参加の日々が始まった。

やはりここも厳しさのなかから始まった。サッカーが栄えているヨーロッパの国々において、それこそ日本人なんてサッカー後進地から来た新参者でしかない。ユース時代にフリューゲルスに入ったときやマリノスに合流したときも実力を試されてきたが、彼らとの実践の場はやはりシビアな世界であることに変わりはない。「ジャポネ？ どこから来たの？」といった反応だった。

それでも練習はことのほか刺激的だった。黒人選手が多く、特にピキオンヌとゴミスのFW2人は身体能力が高くて強烈そのもの。ピキオンヌがちょうどモナコに移籍するタイミングで、ゴミスが試合に出始めた時期だった。ゴミスはフィジカルも強いし足も速いうえに、184センチと高さもあってすごいFWだと思っていた。彼はそこからフランス屈指の名門オリンピック・リヨンに引き抜かれて、16年現在はイングランド・プレミアリーグのスウォンジー・シティでプレーしている。当時からその片鱗は十分に感じさせていた。

サンテティエンヌは、フランスでトップを誇るような熱狂的なサポーターがいることで有名らしく、スタジアムも傾斜が強くて見やすいし臨場感がすごかった。近くにあるライバルチーム・リヨンとのダービーは「ローヌ・ダービー」と呼ばれてものすごい熱気。バックスタンドもゴール裏も全部サンテティエンヌのサポーターで埋め尽くされて大音量の応援が繰り出されてくる。「ここでプレーしたい」と思わせてくれるような本当に魅力的なクラブだったけれど、2週間ほどの練習参加で実力を認められるには至らなかった。

02年のスポルティング・ヒホンも含めた2回の海外挑戦へ自分を衝き動かしたのはやはり「常にレベルの高い場所に挑戦し続けたい」という思いだった。毎年一緒のルーティンを繰り返し、それを100%やり切ることも当然大事。だけど新しい刺激を求め続けることがサッカーをやるうえでは必要で、その挑戦は傍目には成功しなかったと映ることかもしれないけれども、自分にとっては途方もなくやりがいを感じさせてくれることだった。

▼壮大なる新たなミッション

自分自身への課題をもって挑戦し続ける一方で、また大きな転換点が訪れようとしていたのは2008年シーズンのことだった。

サンテティエンヌへの練習参加を終えて、マリノスと2年契約を結び直したものの、当時のチームは監督が3回も交替する体制のなかで迷走していた。04年にCSを制覇して以降の4年間は9位が3回と7位が1回。お世話になっていた岡田さんも、自分が日本代表に選ばれた06年の8月に「何かを変えなければいけない」と言葉を残して辞任している。マリノスは優勝しなければいけないチームだったから、結局は中位に甘んじていてもダメだ。自分が所属するクラブで監督を辞めさせる事態になってしまった責任は少なからず選手にもある。当然自分自身でも結果が伴っていない原因の一端を感じていたし、厳しい状況を感じずにはいられなかった。それだけでなくクラブ全体の予算が縮小して勝利給が減っていくこともあり、ゆっくりと負のスパイラルに陥りかけていた。

とはいえ自分にとってマリノスは思い出深い場所には変わりなかった。小中学生時代には自分の所属するクラブが勝つためのライバル。ユース時代にはフリューゲルスとの合併劇を経てチームメイトになった。その新たな環境の中で、必死に練習に打ち込んでプロ契約を勝ち取った。そうして成長させてもらったクラブの一員として、浅からぬ因縁がある。だから当初は移籍する気も全くなかった。成績は伴っていなかったけれどボンバーもマツさんもいて、「勝つんだ」という強い意欲も失われてはいなかった。

けれども09年の契約を結ぶ交渉の席で「違和感」を感じた。

フロント側からは「契約は結ぶつもりだけれども、育成型のクラブとしてやっていくつもりだから若い選手を中心に据えた編成にしたい」との意向が伝えられた。そこには「隼磨よりも若い選手に出場機会を与えたい」という意味も込められていたのではないか。

実はその前年から育成型へシフトしていくような雰囲気は感じ取っていた。自分は中心選手として優勝を目指したいし、マリノスは「常勝軍団」であるべきチーム。優勝を目標に掲げないなんてちょっとおかしいんじゃないのかと感じていた。もちろんマリノスには育ててもらった恩があるし、試合にもほとんど出場していた。サポーターも心の底から応援してくれていたから離れたくはなかった。でも交渉の席で聞いた言葉の中にはプロとして受け入れがたいこともあって、心が揺らいで「移籍する」という選択肢が芽生えたのも事実だった。

というのも、その交渉と並行して名古屋グランパスからのオファーも届いていたのだ。そこには熱心なアプローチがあった。同年に監督に就任したピクシー(ドラガン・ストイコビッチ)と久米一正GMが自分を必要としていると代理人を通じて聞いていた。その中で、心をわしづかみにされるような「殺し文句」があった。

「グランパスはJリーグが始まって以降、1回もJ1で優勝したことがない。キミの力で初優勝に導いてほしい」

プロ選手として活躍していかなければならない以上、常にピッチに立って上を目指し続けることこそが宿命ではないだろうか。そういう思いが膨らんでいた状況で、グランパスに監督として帰還してきた偉大なバンディエラからのオファーにグッときた。久米GMとは何度か東京で面会し、その場でクラブの事情を聞いて初めてグランパスに優勝経験がないことも知った。ピクシーが熱心に誘ってくれているし、クラブとしてもトヨタという世界的企業を母体に「オリジナル10」としてJリーグの歴史を築いてきていた。その上スタジアムも素晴らしい。金額提示などの条件面は全く気にならなかった。

計り知れないほどの恩も愛着もあるけれど「育成型」へ舵を切っていたマリノスと、ピクシーを擁して一流の選手たちが集い始め、「初めてシャーレを掲げる」というやりがいに満ちたプロジェクトを提示してきたグランパス。どちらを選ぶか悩みに悩み、交渉も色々な駆け引きがあってもつれた。

もちろんマリノスのフロントは自分がグランパスと接触していることも承知済みで「移籍をする気があるなら止めないし、どうぞ行ってください」といったスタンスを崩すことはなかった。「隼磨のためを思うと移籍した方がいいんじゃないのか」くらいのことを言われれば、さすがに自分が育ったクラブとはいえども、モヤモヤとしたやりきれない感情が湧いてしまうのも仕方がない。

交渉がまとまらないまま迎えた、12月31日の大みそか。年を越したくはなかったから、これが最後だと思ってマリノス側と話し合った。だけど、向こうの姿勢はやはり変わらないままだった。

「自分はマリノスに必要とされていない」

果たしてピッチに立つ前から自分の起用が減ることを容認しながらチームに残ることができるのか。そこで意を決し、オファーを受けてグランパスに行く決断をした。唯一残す公式戦の天皇杯も2日前の準決勝でガンバ大阪に延長戦までもつれた末に敗れていたから、これまで応援してくれていたサポーターに感謝を伝えるあいさつもできないままだった。

「恩を仇で返す裏切り者」みたいな汚名を着せられるのは本当に心苦しかったし、本意じゃなかった。ユース時代からプロになったマリノスで活躍できたし、たくさんのファンやサポーターに支えられているおかげで自分が頑張れていることを学んだ。彼らに対する感謝の思いを表現できるのはピッチの上に立ってプレーを見せることだけ。プロになってからずっと自分は、何度もそれを繰り返しながらお互いの信頼関係を築いてきたつもりだったから、直接別れを伝える機会が得られなかったのは本当に心残りだった。

けれども状況を考えれば、心苦しいほどの土壇場にまで追い込まれていた。代理人に電話して移籍する意向を伝え、久米ＧＭには直接会って加入する意思を言葉にした。

「よろしくお願いします」

これまで獲得してきた栄光を再び味わうために、プレーせずにはいられない。「名古屋を必ず初優勝に導く」という、野心に満ちたプロジェクトのスタートラインに立った。

第4章 栄光

有言実行した「Jリーグ優勝」

▼前途多難なビクトリーロード

熱烈な「ラブコール」を受けて移籍した新天地。

グランパスを「優勝」に導いていくという使命を掲げ、洋々としたチャレンジが始まる予感と期待に胸を膨らませていた。

しかし、そこですぐ気づいたのはグランパスの「甘さ」だった。勝利をとことん追求していく厳しさが練習から足りておらず、例えばミニゲームで負けても平気な顔をしている選手がいたりした。トヨタという世界的企業がバックについていて恵まれたビッグクラブなのに、なぜ今まで1回も優勝を経験できていないのか。それは〝ぬるま湯〟のような雰囲気があるからなんじゃないか。マリノスから「優勝請負人」としてここに来た以上は、まずこの雰囲気を変えなければいけないと感じた。

さらに、冷や水を浴びせられるような今までにない「洗礼」も待ち受けていた。

ピクシーとその片腕のコーチ・ボスコから、チーム内で一番と言っていいほど怒られ続けたのだ。今になって思えば、キャリアのある選手をやり玉に挙げることで全体の引き締めを図っていたのかもしれない。過去の経験の一つだとは割り切っている。とはいえ日々厳しく言われ続けながらも、ピクシーにはチーム内で自分が一番試合に出させてもらっていた。そこの部分には感謝しかない。

日々、具体的に書くこともはばかられるような罵声をものすごい剣幕で浴びせられていた。練習中だけならいざ知らず、だ。試合ともなれば半分の時間は、ピッチサイドのベンチ前を縦横無尽に駆けるのが右サイドバックの仕事。だからこその役どころなのだろうか。前後半のどちらかは監督やコーチ陣の目の前を何度も行き来しなければいけないことになる。

そのたびに「What's up, Hayuma ?」しまいには「Kill you!」なんて物騒な言葉まで飛んでくるからたまったものじゃない。ハーフタイムに名指しで怒られ、ロッカールームの真ん中に置いてあるドリンクを思い切り蹴飛ばしながらセルビア語で何かをまくし立てられたこともある。他にも当時は「お前は60歳のお爺ちゃんみたいなプレーをしている ぞ！」とか、「俺がプレーした方がまだマシだ」とか、散々な言われようだった。練習中や試合中、そしてミーティングでも常にやり玉に挙げられていた。ただ、そんな役目をチームメイトも十分承知してくれていたのは救いだった。「ハユさん、よく耐えてますよね」「よくあのポジションでプレーできますよね」なんて労ってくれたものだった。

とはいえ、そうはいっても自分は根っからの勝気な性格だ。相手がその気なのだから仕方がない。それはそれで負けず嫌い虫が騒ぐ。厳しさはマリノス時代と同じくらいだったかもしれないけれど、その言われ様はグランパスでの方が想像をはるかにこえてボロボロだった。それだけハッパをかけられたからこそ「何くそ」と奮起して、ただひたすらに良いプレーをしようと心掛けた。それもさらに成長する原動力の一つだったのかもしれない。

現役時代のピクシーとは自分がプロになりたての頃に対戦した経験もあって、選手としてのすごさは肌で感じていたものだ。まれに監督が練習に交ざってくることがあって、そういう時はやっぱり上手かったから説得力もあった。だから悔しいかな、何も言い返せなかった。

これは有名な出来事だからサッカーファンだと覚えている人も多いかもしれない。2009年には飛んできたボールを革靴のダイレクトボレーで蹴り飛ばして約60メートル先の相手ゴールに入れ、退席処分になった有名なシーンがある。その試合後にもやはり自分だけでなくチームに檄が飛んでいた。「お前たちがゴールを決めないから俺が決めてやったんだ」と。

そんな中でも、ピクシーに褒められたことが2回だけあるのは忘れられない思い出だ。1回目は11年の第32節・アウェーのマリノス戦。前半に相手FWの谷口博之選手のひじが左の目がしらに入って、血だらけになったことがあった。試合前からコンディションが良かったのに加え、そのプレーを食らったせいでアドレナリンがいつもよりさらに余計に出たのかもしれない。その試合は自分の経験の中でもベストに近いパフォーマンスを出すことができた。結局、試合後のロッカールームで受けた医療処置で患部を10針くらい縫う大きなケガだったけど、次節の前のミーティングでいままで一度としてなかった殊勲賞に名前が挙げられた。

「ハユマ」

最初は当然だけど、「また何か怒られるのかな……？」と身構えた。

そうしたら、違った。

「見たか、この前の試合での隼磨の戦う姿を。お前たちもああいう姿勢で戦うんだぞ」

嬉しいというよりも、びっくりして口から言葉が出なかった。今まで自分をダシに叱咤することはあっても、チームを奮起させる材料になるなんてことなかったから。もちろんミーティング後のチーム内ではちょっとした騒ぎだ。チームのみんなに「隼磨が褒められてんじゃないか……どうしちゃった？」「ハユさん初めて褒められましたね」などと、ひとしきりイジられた。今の山雅の選手たちが聞いても信じられないほど、基本的には叩かれ続けていた。

いずれにしても、ほんの少しのアメと大量のムチを使い分けられながら、ピクシーとの信頼関係は築かれていったと思う。クラブにおけるチームの役割のかたちはそれぞれ。怒られた思い出がたくさんあるけれど、いま思っても信じられる監督だったし、何よりも結果がそれを証明している。

▼未知の領域・ACL

加入して1年目の09年は、ＡＦＣチャンピオンズリーグ（ＡＣＬ）が鮮烈に記憶に残っている。まずグランパスはピクシー体制1シーズン目の前年に3位に食い込み、クラブ史上初となるＡＣＬの出場権を得ていた。だけど、ほぼ全員がＡＣＬ未体験の状態だった。

そんな中でも自分はマリノス時代にＡＣＬを経験していた。当時は予選1位しか決勝トーナメントに進出できないレギュレーションで２００４、05年ともグループステージ敗退の憂き目に遭っていた。

特にアウェーの洗礼は厳しいものがあった。気候も、環境も、レフェリーの笛の基準もスタジアムの雰囲気も、その全てが国内とは全くの別もの。例えば日本が寒いのに向こうに行ったら暑くて温度差がものすごかったり、中国も韓国も応援の仕方が違うからスタジアムの生み出す雰囲気が変わってきたり。さらに言えば当時はJリーグもACLを考慮した日程を組んでくれていなかったから国をまたいだアウェーを含めて、水曜、土曜、水曜、土曜なんて連戦は当たり前だった。だからこそACL特有の厳しさを知っていたし、アウェーは勝ち点1でも十分な成果だと身に染みていた。

そしてグランパスのグループステージ初戦は、アウェー韓国に乗り込んでの蔚山現代戦。十分に警戒していたはずなのに25分に先制を許して「やばい」と思って折り返した後半、54分に吉田麻也の同点ゴールで追い付くことができた。

「このまま引き分けでいい、引き分けでいいんだ。そうでないと絶対に決勝トーナメントには行けないぞ」。周囲にそうやって必死で伝えていたら、なんと77分にダヴィが勝ち越しゴールを、10分後にはマギヌンがダメ押しのゴールを奪ってくれた。「引き分けでも十分OK」という自分のメッセージが果たしてチームメイトに伝わっていたのかはわからないけど、願ってもない勝ち点3をもぎ取ることができた。

初めてACLに出たチームがアウェーで韓国のチームに勝つなんて、マリノス時代の経験からしたら信じられないことだ。それだけ苦労の連続を味わう大会な上に、プレーしていると、とてつもない重みがある。選手たちには理解できても、ピッチに立たなければわからない。それはピクシーにさえわからないことだったかもしれない。だからこそ、その勝利はチームメイトにしても自分にしてもものすごく自信になった。何事も初戦は大事。そこからチーム全体が良い意味であんまり考え過ぎずに「あ、俺たち行けるんだ」という雰囲気のまま勢いに乗ることができた。総括したときに一戦一戦を踏まえて振り返ると、初戦で得たものは単なる勝ち点3だけでなく、計り知れない大きさがあったんだと思う。

グループリーグは蔚山現代の他にニューカッスル・ジェッツ（オーストラリア）と北京国安（中国）と同組。結局ホームアンドアウェーの計6試合を3勝3分けの黒星なしで終え、初出場ながらもベスト16進出という快挙を成し遂げることができた。

勢いを得たチームはさらなる躍進を遂げた。決勝トーナメント1回戦は一発勝負で水原三星ブルーウイングス（韓国）に2－1で勝つと、川崎フロンターレとの準々決勝も奇跡的な逆転勝ちを収めた。第1戦は国立競技場のアウェーで2－1と手痛い逆転負けを喫したけれど、1週間後の第2戦はホームで3－1。88分の土壇場でケネディが勝ち越しのゴールを決め、2試合合計4－3でベスト4にまで駒を進めることができた。その年のJ1では2試合ともフロンターレに負けていたのにACLでは勝つことができて、チームはまた一つ確かな自信を得ることができたと思う。

準決勝はさすがに厳しかった。オイルマネーが潤沢でこの大会を過去2回制覇した経験のあるアル・イテハド（サウジアラビア）との対戦。監督は元アルゼンチン代表のガブリエル・カルデロンだ。第1戦は中東独特のアウェーの中、開始早々の7分に退場者を出してしまった。今振り返れば微妙な判定じゃなかったかなと思うけれども、竹内彬が一発レッド。それでも前半はケネディの先制ゴールなどが決まって2－1で乗り切ったのに、後半で大量5失点を喫して結局は2－6。ボコボコにやられた格好で帰国することになった。

1週間後の第2戦は「4点のビハインドがあるから超攻撃的に臨む」ということで2バックのシステムを採用した。結局それも1－2で負けたけれど、チームとしては初のA

ＣＬでベスト４という確かな手応えをつかむことができた。

Ｊ１の方は９位という残念な結果に終わってしまったけれども、天皇杯は順調に勝ち上がり、元旦の決勝まで進むことができた。それもやっぱり勢いというものがあったと思う。ガンバ大阪との決勝は１－１で迎えた後半にヤットさんの２ゴールを含めて３失点して負けてしまったが、ピクシー体制初年度にリーグ戦３位という成績に加えて、２年目で得た「アジア４強」「天皇杯準優勝」という成果は上を目指すチームに大きな自信をもたらしてくれた。

ちなみにその年の天皇杯では、他のカードでちょっとしたサプライズもあった。Ｊリーグ参入を目指す松本山雅ＦＣという北信越リーグ１部のチームが、２回戦で浦和レッズを２－０で下したというニュースだ。前身の山雅クラブ時代から兄の友達がプレーしていたりしたので「地元にはそういう名前の社会人チームがあるんだ」といった具合に存在自体は昔から知っていたけれど、それがサッカー界を賑わせたことが頭の片隅にわずかな爪痕を残していた。

▼ベストチームとは何か

そして翌10年は堂々と優勝を目標に掲げ、とても充実したシーズンを送ることができた。クラブも前年にACLと並行してケガ人が続出したのを教訓とし、良い選手を大量に補強してくれた。トゥー（田中マルクス闘莉王）をはじめ（金崎）夢生とか千代反田（充）とかダニルソンもそう。前年途中からはアレックス（三都主アレサンドロ）も加わっていた。開幕前のキャンプから手応えは十分にあったし、実際にシーズンが始まってからも圧倒的だった。

その中で自分はもちろん、右サイドバックが定位置。特にセンターバックの右にいたトゥーとはあうんの呼吸で最高の関係性を築くことができた。「こういう状況のときはこうすれば守れる」とか、個々の状況判断がしっかり共有できていたし、それを互いに指示しなくてもやれていた。その他の4バックはセンターバックの左がマス（増川隆洋）、逆のサイドバックがアベショー（阿部翔平）。後ろの4枚とアンカーのダニルソン、それにGKのナラさん（楢崎正剛）を含めた6人できっちり守れていた。完璧だったと言ってしまってもいいくらいだと思う。新加入選手も多かったから決して組織として熟成されていたわけではなかったし、もちろん簡単ではなかったけれども、やっていて抜群の安定感を感じていた。「負ける気がしない」というのはまさにこういうときに言うんだと思った。

その年はピクシーが採り入れていた戦術の影響もあって、シュートを打たれた本数自体は483本（1試合平均14・2本）とリーグ2番目に多かった。これは1ステージ制で争った05〜14年の優勝チームの中でも飛び抜けて多い数字となっている。

けれども実際に守っていた自分たちに言わせてみれば、切るべきコースを切ってわざと打たせているシーンがほとんどだったので何も驚くことはなかった。シュートコースの限定はきっちりやるしナラさんの守備範囲もちゃんと把握しているから、あとは「ナラさんどうぞ止めちゃってください」という感じだった。メディアは「楢崎がファインセーブ」なんて見方をしてもいたけれど、自分たちからすれば意図的にそうしてディフェンスしているので当然の結果。そこの部分がブレることなく安定していたからリーグ戦34試合を37失点で終えることができたし、勝負強さもあった。得失点差だけを見れば＋17で4番目だけれど、最終的な勝ち点は2位のガンバ大阪と10差。それも優勝を下支えできた要素の一つだったと思う。

ピクシーとボスコが組み立てる日常の練習メニューは、強度自体はあまり高くなかった。今まで自分が経験してきた指導法とはガラッと違っていて、練習量自体はそれほど多くなくて戦術的な部分の確認がメイン。例えば試合に出ている主力選手に対して若手がスライディングに行くと練習を止めて「ケガをするじゃないか」と怒る。ちょっとダッシュでもしようものなら「ノーノーノーノー、試合でやればいいんだ」といった具合。とはいえ頭をフル回転させる必要があるから疲れはする。それ以外にも自主トレを禁止するなど、全てをコーチ陣の管理するプログラムだけに基づいて進めていくやり方だった。「勝手に練習をしてケガをされたら誰が責任を取るんだ?」という考えで、それも一理あると初めて感じた。練習でたくさん走ったからと言って必ずしも試合で走れるとは思わないようにもなった。練習量イコール試合での運動量ではないし、実際にピクシーのやり方の中でも自分は試合で走れていた。だからそこで、「量より質」というのを肌で実感することができた。マリノス時代にお世話になった岡田さんとも違ったアプローチだし、山雅のソリさんとは対照的。そのときのチームの顔ぶれによっても変わるだろうし、どれが良いとか悪いとかではないと思う。いずれにしても選手にとって一番大事なのは日々の練習をきっちり積み重ね、監督のやり方を理解してリスペクトした上でプレーすることだ。

さらに言うなら、言われたことだけじゃなくて色んな状況に臨機応変に対応できるよう準備しておくこと。そしてその準備を成功に結び付けることができる選手はどんな監督の下でも試合に出場できると思うし、肝心の試合中にどんな状況が訪れてもパニックにならず冷静でいられる。試合中に「どうすればいいんだ⁉」なんて思ってしまったら、その瞬間にはもう負けたのと同じ。サッカーは基本的に同じケースは存在しないけれども、だからこそ逆に様々な想定のなかで練習からしっかり考えておくことが大事だ。

そう言ったメンタリティーを若手に植え付けながら勝ち点を重ねることが、このシーズンにはできていた。特に4−3−3の右ウイングに入った夢生とは良い関係を築けていた。いまや代表にまでなっている選手だけど、当時の夢生はまだまだ若くて粗削り。08年にヤマザキナビスコカップ優勝を経験した大分トリニータから来たはいいけれど、リーグ戦の勝ち方はあまり知らないし、チーム戦術も十分には理解できていなかった。だけどポテンシャル自体は高いものを持っていると感じたから「こういうときはこうするんだ」とか、状況に応じた判断をその都度教えていた。彼も素直に吸収してくれたし、実際に試合でもその成果を見せてくれた。ボールを持たせたときの1対1は強かったしディフェンス陣は安定してどっしり構えていたから、「俺たちが守るから夢生はほとんどディフェンスしなくていいよ」と言って存分に攻撃に専念してもらった。

逆にオーバーラップはあまりしなかった。夢生がボールを持っている外側を追い越せば相手のディフェンスも引き連れて来てしまう形になるから、基本的にそこは1人にお任せ。ピクシーも「1対1が得意な選手をそのポジションに置いているのだから、仕掛けようとしているタイミングで余計なオーバーラップをするな」という考えだった。ただし玉さん(玉田圭司)とか左利きの選手がいてサポートを欲しているタイミングだと思った場合は行け――という戦術だった。

そして守備が安定していたのはもちろん、勝者のメンタリティーを持つ選手が多かったことが何より大きいと思う。自分の他にもトゥーや玉さん、ナラさんやオーストラリア代表FWのケネディもそう。こうした選手は基本的に物事の考え方が似通っていて、なおかつ監督も名古屋のレジェンドでカリスマ性がある。それにマスやアベショー、中村直志や吉村圭司といったメンバーが素直に文句も言わず付いてきてくれた。だから集団全体が高い意識を持ってシーズンを戦い抜くことができて、最終的には23勝3分け8敗の勝ち点72。このうち16試合が1点差での勝利だから、いわゆる「勝負強さ」や「勝ち切るしたたかさ」も持ち併せていたんだと思う。

ただ、かつて一度も優勝したことがないクラブだっただけに、周囲から「優勝して当たり前でしょう」という感じで見られ続けることにはものすごいプレッシャーを感じていた。もしも1回負けて、他のチームがその節に勝てばそれだけで勝ち点は3も縮まってしまう――。そう考えれば全く安心はできないし、油断なんてもちろん禁物だ。

張り詰めたままシーズン終盤に突入すると、11月20日の第31節アウェーで湘南ベルマーレに0－1の勝利。その試合もシュート本数は相手の17に対してグランパスは8と、この

AGUE DIVISION

2010年、名古屋グランパスのリーグ初制覇に貢献。 写真：Torao Kishiku

2010 J.L

シーズンを象徴するような内容だった。前節を終えた段階で勝ち点差8だった2位鹿島アントラーズが同時刻キックオフの試合で引き分けたのを知り、3試合も残した状態で悲願の初優勝を祝い合った。

その瞬間は嬉しいというよりも、むしろホッとした。

「グランパスを優勝させます」と豪語して移籍してきて1年目はダメで、2年目にようやく果たすことができたから。マリノス時代の優勝は自分にとっても初めての出来事だったし、チーム全体のことをあまり考えずがむしゃらに偉大な先輩たちの背中を追っていた結果。2ステージ制のチャンピオンシップで得たという違いもある。

けれどもグランパスでの今回の優勝は正真正銘、自分が中心メンバーの一人になって成し遂げたものだ。その意味でも、2度目のJ1優勝には一味も二味も違う感慨があった。

それに何回も優勝しているクラブがまた勝つのとは違って、今まで未経験だったクラブを1回優勝させるという仕事はすごく価値のあることだったと今でも感じている。それがクラブにとって良い経験になったし、一回り成長できたと思う。

グランパスでは、かわいがりがいのある後輩もできた。09年の同期入団となるタイシ（田口泰士）だ。タイシは流通経済大柏高校（千葉）から加入してきたルーキーで、自分はマリノスから「優勝請負人」として呼ばれてきた。8歳も年下だし立ち位置も違うけれど、タイシは1年目から物怖じせず立ち向かってきた。身体能力の高さと左右ともに優れたボールコントロールの技術を持っていて、ポテンシャルの高さを感じさせた。今までに数え切れないほどの若い選手を見てきたけれど、伸びる可能性がある選手には言葉にしにくいが何かしらの共通項がある。タイシもその一人だった。自分に懐いてきてくれ、何度も家に連れてきては食事をするなど、共有する時間が一番長い後輩だった。

タイシはその年から11年までの3年間はリーグ戦出場わずか4試合と出番に恵まれない時期を過ごしていた。それでも苦境に耐えて12年から出場機会を勝ち取り始め、その後はキャプテンとなってグランパスを背負って立つまでに成長してくれた。自分のことのように嬉しい。14年には日本代表にも選ばれたし、今後もまだまだ成長してメンバーに名前を連ね続けていってほしいと願っている。

ちなみに自分がグランパスを去った後も、交流は続いている。山雅に加入して1年目の14年には本多（勇喜）と一緒にアルウィンに試合を見に来てくれたこともある。山雅がJ1初参戦した15年のシーズン開幕前には、プレスカンファレンスで互いのチームを代表して再びまみえた。その瞬間は本当に感慨深いものがあった。

思えば自分も駆け出しの時代、アツさん（三浦淳宏）や（川口）能活さんなどの先輩たちに公私ともにお世話になって成長できたことは間違いない。「今度は自分が後輩に目をかけていく番が回って来たんだ」。そんな思いを抱きながら、タイシをかわいがっていたのを覚えている。

▼松本山雅FCの存在

自分たちが中心となってJ1を制覇するという仕事を達成した後でも、心の中のやりがいはまだ失われていなかった。「次の年も優勝したいし、グランパスはもっともっと勝たなければいけないクラブだ」と連覇への欲が出てきた。

その年のシーズン開幕前、驚くようなニュースが耳に入ってきた。マリノスを退団したマツさんが、当時ＪＦＬの松本山雅ＦＣに入団すると。マリノス時代にさんざん立ち向かっては跳ね返された先輩で、日本代表経験も豊富に持つマツさんが、自分の生まれ故郷にある山雅に移籍する——。

「これは何かあるな」

直感めいたものを感じた。山雅がＪＦＬに参入した10年以降は試合結果をちょくちょく見たりして気にしていたら、翌年の11年にはマツさんが加入。開幕前には山雅とグランパスが練習試合をすると知り、久々に会えるのを楽しみにしていた。山雅と対戦したのは「Ｂチーム」だったから直接ピッチ上で闘うことはできなかったけれど、わざわざ試合会場のクラブハウスまで見に行って、終了後にはマツさんと色々な話をした。「山雅はクラブハウスもないし、自分で洗濯もしてるんだ。そんな中でも俺たちはやってるんだから、お前らナメるなよ」と息巻いていて、「ああ、マツさんらしいな」と思ったものだった。それと同時に、心の片隅に引っかかっていた生まれ故郷のクラブが今どんな状況なのかを知ることもできた。自分の中で少しずつ、「松本山雅ＦＣ」という存在が大きくなっていった頃でもあった。そもそもマリノスでプロになった当初から、「地元にプロサッカークラブがあって、熱いサポーターがいてくれればいいのに」と思っていたのが本当のところだ。山雅がもしかしたらそうなってくれるのかもしれない。そんな淡い期待もあった。

とは言っても、当時はグランパスで連覇を狙っていた。加入当初の記者会見で「名古屋に骨を埋めるつもりで来ました」と言った心づもりに揺らぎはなかった。

11年は藤本淳吾や永井謙佑などが入団してきて選手層はさらに厚くなり、連覇への視界は良好だった。

しかもそのシーズンは、ＦＩＦＡクラブワールドカップが当面最後の日本開催となった年。大会メインスポンサーも務めるトヨタ側としても「ぜひとも自分たちがスポンサーのグランパスに出場してもらいたい」という強い意向があった。つまり自分たちはACLを初制覇しての「アジア王者」か、J1を連覇しての「開催国王者」のどちらかで出場枠をもぎ取ることが至上命題だった。

もちろん自分たち自身にしても、メッシやシャビ、イニエスタといったスターがずらりと並ぶバルセロナや、ネイマールやガンソを擁するサントスなどと対戦してみたい気持ちは強かった。当然、シーズン開幕前にそれらのチームが出場すると決まっていたわけではないけれども。

けれども結果から言えば、両方ともダメだった。まずJ1は開幕戦の直後、3月11日に東日本を襲った大震災でリーグ戦の日程が大幅にずれ込んだ。日本中が悲しみに包まれ、イレギュラーな日程となった中でもチームは安定感を増した戦いができていた。6試合目から中盤戦にかけては16試合連続負けなしと好調をキープ。一時的に首位に立った節もあり、最終的には優勝した前のシーズンと1差の勝ち点71を積み重ねた。中でも永井は夢生と似たタイプだったし粗削りだったから、夢生と同じように良好な関係を築けていた。
けれども肝心の優勝は、それをわずか1上回った柏レイソルにさらわれてしまった。当時のレイソルは前のシーズンにJ2を制して再昇格してきたチームで、レアンドロ・ドミンゲスやジョルジ・ワグネルなどといった強烈な外国人選手が活躍していた。自分たちのグランパスが前の年に積み上げたのと同じ勝ち点72は、1シーズン制で争ったJ1の過去最多タイ記録。そして21勝8分け5敗で勝ち点を71も積み上げたのに優勝できず、精神的なダメージは大きかった。1差で迎えた最終節も自分たちはアウェーでアルビレックス新潟に1－0で勝ったけれど、レイソルも同じくアウェーの浦和レッズ戦に3－1で勝ったから差は縮まらないまま。ACLもすでにベスト16の決勝トーナメント1回戦で水原三星ブルーウイングスに負けて敗退が決まっていたから、クラブワールドカップへの扉は閉ざされてしまった。

それでもピクシーは、自分たちを責めなかった。

「2位に終わったけれども勝ち点を71も取れた。パーフェクトで優勝に値するシーズンだった。レイソルを褒めるしかないし、これ以上お前たちに求めるものはない」

もしかしたら「勝ち点残り1は何が足りなかったのか」と追求し始める監督もいるかもしれないけれど、ピクシーの場合そこは割り切ってくれた。もちろん自分たちは連覇を逃して悔しい思いをしていた半面、「これ以上何かを求められても厳しい」と感じていたのも事実。そんなタイミングで、普段ならなかなか褒めない監督がそう言ってくれたことで次に向かうことができた。

松田直樹を忘れない

その年の夏。信じたくない出来事が起こってしまった。最初に知らせを受けたのは、8月2日の午後練習前のことだった。マリノス関係者から電話が入った。「マツが練習中に倒れた。厳しい状況らしい」。まさか、という気持ちだった。山雅に新天地を求めたシーズン前には、あんなに元気な姿で「今に見てろよ」なんてことを言っていたはずじゃないか。いてもたってもいられなかった。午後5時頃に練習が終わると、すかさず松本へ。本当はグランパス関係者から「危ないから車で行くのは止めてくれ」と止められていたが、松本に最短で行くには車しかない。状況を考えればそういう指示をされるのは当然だったけど、何しろ一刻も早くマツさんの元に駆けつけなければならない。結局は制止を聞かず、1人で松本へ車を走らせた。約3時間の道中、頭の中を駆け巡っていたのはずっとマツさんのことだけ。駆け出しだったマリノス時代。ピッチ内では激しく言われ、自分も「何くそ」と思って言い返すこともあった。それでもピッチ外ではケロッとしていた。背中を追っていた偉大な先輩。日本代表の屋台骨を支え、この年から自分の生まれ故郷・松本に移籍していたマツさん。急にいなくなっていいはずがない。そんなことを考えながら運転していたら、あっという間に信大病院に着いた。実家のある松本に、まさかこんな用事で戻ってくる日が来ようとは夢にも思っていなかった。

そこでマツさんと対面して詳しい状況を聞き、改めて現実が厳しいものだと知った。山雅での練習中に突如倒れ、心肺停止の状態で搬送されたという。急性心筋梗塞。意識回復の見込みは極めて難しいらしい。けれども、まだ信じたくなかった。その日は親交のあるいろんな選手が来ていて夜中まで病院にいたけれど、そのうち松本市内にあるマツさんの家に行くことになった。俊さん（中村俊輔）、（佐藤）由紀彦さん、キジさん（木島良輔）

たちとマッツさんの試合のビデオを見ながら、「絶対に助かって、戻ってきてくれる」と信じ合った。一睡もしなかったし、そんな精神状態では眠くもならなかった。

翌3日の早朝。10時から午前練習があるので、5時頃に松本を出て再び名古屋へ帰った。由紀彦さんも当時所属していたV・ファーレン長崎に戻らなければいけなかったので、JR名古屋駅まで送り届けてから練習に向かった。それが終わった後。今度はトゥーとナラさん、アレックスの4人で再び松本へ向かった。車はトゥーが出してくれた。もう1回ベッドに横たわっているマッツさんと面会し、「信じよう」と思いを新たにした。夜中にまた名古屋へ帰ったが、その車中は重苦しい雰囲気だった。誰が何を話すでもなく、中央高速道路を南下していった。途中のサービスエリアで食事を摂ろうという話になったが、あまり喉を通らない。眠くもならない。食事とか睡眠とかを考えている次元の話じゃなかった。

次の4日、グランパスは午後練習だった。その前からピクシーが気を遣ってくれていて、「もし状態が良くないのなら練習に出なくていいし、試合出場を回避してもらってもいい」と言われていた。ピクシーは指導の言葉こそ厳しかったけれども、選手のプライベートを大事にしてくれる人。奥さんの出産や子どもの入学式など、家族にとって大切な出来事があるときはそちらを優先させてくれる指揮官だった。睡眠も食事もろくに取れておらず頭の中が「マツさん」一色に染まっている自分を気遣ってくれたのも、根っこには同じ思いがあったのだろう。

そして午後1時すぎ、マリノス関係者からの電話が鳴った。電話口の相手はもう涙声だったから、何が起こったのかは察知できてしまった。

信じていたのに――。

山雅でJ1を目指すんじゃなかったのか。どんな環境でもサッカーを楽しむんじゃなかったのか。闘い続けるんじゃなかったのか。

電話を切って、放心状態になった。

しかし、だ。マツさんは自分が練習を休むことを望んでいるだろうか。そして、プロにとって最も大事な試合を出場回避することを許すだろうか。そんなはずはない。逆に、こんな状況だからこそ、今まで以上のパワーを持って臨まなければいけないと怒られるだろう。そう思ったから、ピクシーには練習も出るし試合も出たいという意向を伝えた。

8月7日。その週の対戦相手は（川口）能活さんのいたジュビロ磐田だった。これも何かの巡り合わせだったのかもしれない。試合前に顔を合わせ、「辛い状況だけど、天国のマツさんに報告できるようないい試合をしよう」と誓い合った。マツさんのアンダーシャツを必ず着るようになったのは、その試合からだった。

松本山雅FC。マツさんが加入して、志半ばで旅立ってしまった。くしくもそこは、自分の生まれ故郷のクラブだ。「自分に何ができるだろうか」。そう考えて、心の中での山雅がまた一つ大きなものとなった。

とはいえ、グランパスで闘い続けなければいけないことに変わりはない。だが、その年を境にチームは下降線をたどる苦しいシーズンが続いた。11年に得点王だったケネディが腰を痛めてシーズン途中で離脱するなどして、なかなか安定した戦いができなくなってしまった。もちろん1人への依存度が高いチームではなかったけれど、前線のターゲットが不在になってしまったのは結構痛かった。そのうえに加入してくる新戦力も少なく、高卒や大卒の若手が激しいチーム内競争もないまま簡単に試合に出続けられてしまうような状況。それでも自分はやりがいを失わず、誰よりもピッチの中で闘志をむき出しにしてプレーし続けていたつもりだ。しかし12年は7位に終わり、翌13年はACLもないのに11位。そしてシーズン終盤、まさかの契約満了を告げられた。その後のグランパスでは15年シーズンを最後にトゥーリオも評価されず退団。自分がかつてたどった境遇と重なるものを感じて、つらい気持ちになった。

ピクシーから個人的に褒められた2回目は、最後にあいさつに行ったときのこと。6年間グランパスの監督を務めたピクシーの退任もすでに決まっていた。ずっと怒られてはいたけれども、自分をグランパスに誘ってくれて信頼して起用し続けてくれたから、お世話になった礼をしようと監督室に行った。自分の契約満了もその時に併せて報告したら、ピクシーはそのことを知らずに驚いていた。

「何でだ、冗談じゃない」

最後の最後に、自分のために怒ってくれた。

そして、こう続けた。

「グランパスで監督をしていた間、誰よりもファイティングスピリッツを持って闘っていてくれていたのはお前だ。マリノスから獲得してきたのは間違いじゃなかったし、起用し続けていたのは信頼していたからだ。厳しいことを言い続けてきたのに、俺を信じてきてくれてありがとう」

監督室で、思わず泣きそうになった。

そして契約満了が発表されて以降の残り3試合も、鮮烈な記憶に残っている。慣れ親しんだグランパスのユニフォームを着て試合をするのもあと3回。「ピクシーから教わったことの集大成を全て出し切ろう」という強い決意を持って臨んだ。

しかしいきなり試練が訪れた。その1試合目、豊田スタジアムでの第32節柏レイソル戦。キックオフして間もなくの時間帯でシュートブロックに行こうとしてスライディングした左脚を、ゴールポストに思いっきりぶつけてしまったのだ。普段通りの自分だったらおそらく簡単によけられていたはずなのに、その試合にはやっぱり特別な感情があったんだと思う。全てを出し切る——という気持ちが前のめりになりすぎて、やってしまった。左すねの外側がぱっくりと開いてしまい、中の筋肉がむき出しの大けが。もちろん出血も止まらない。慌てて駆け寄ってきたトゥーはもう必死の形相で「無理だ、無理だ」とベンチにサインを送っていた。ドクターを含め、周囲はもちろん「交代しろ」と寄ってたかってストップを掛けてくる。

それでも、やり遂げなければならない。仲間やファン、サポーターとともに幸せな時間を過ごすことができた恩返しの証をピッチの中で示さなければならない。結局は「あと3試合しか残っていないから、やります」と猛反対を押し切った。テープでぐるぐる巻きにして何とか出血を抑えて迎えたハーフタイム。チームが円陣を組んで「ハユマがこんな姿で頑張っているんだから勝とう」といって一つにまとまってくれた。試合はシーソーゲーム。小川佳純が60分までに2点を奪ったのに、向こうも粘って追い付いてくる。自分は86分に下げられてしまったが、アディショナルタイム3分にダニエルが起死回生の勝ち越しゴールを決めてくれた。嬉しかった。試合後はロッカールームですぐさま傷口を処置。部分麻酔をして、その場で10針縫った。

そして第33節は、豊田スタジアムでのホーム最終戦。もちろん1週間前の大けがが全快しているわけじゃないけど、そんなことは関係ない。数えきれないほどの歓喜を味わったこのスタジアムで、全身全霊を懸けて闘うのみだ。

試合前のウォーミングアップのときから、スタジアムが自分の名前を呼んでいるかのようだった。サポーターが何度も何度もコールをしてくれ、その時点でもう自然と涙があふれてきた。試合はヴァンフォーレ甲府と0－0に終わったけれども、グランパスで培った全てはそのピッチに置いてきた。そう思えるだけの、確かな手応えを得ながらピッチを後にすることができた。

残る最終節はアウェーのアルビレックス新潟戦。ビッグスワンで90分間を戦い終え、それがグランパスのユニフォームを着て闘う最後の試合となった。終了を告げるホイッスルが鳴った後。自分と一緒に契約満了になるマスとアベショーの3人で肩を組んで、グランパスで過ごした素晴らしい時間が去ってしまうのを惜しみ合った。J1を初制覇した10年を筆頭に、トゥーとナラさんも含めた5人で、ずっと一緒にグランパスのゴールを守り続けてきた。

まさに「あうんの呼吸」だった。

だから、3人で抱き合いながら何を話していたわけでもない。

そうしているだけで十分だった。

第5章 未来

「勝利」の街のための闘い

▼「故郷」は新たな挑戦の場

ピクシーの下で闘ったグランパスでの幸せな5年間は終わりを告げた。

だが、まだやるべきことがある。むしろ、自分にしかできない使命だと言ってしまってもいいかもしれない。

松本山雅ＦＣ。

自分が生まれ育った当時、サッカーの「サ」の字もないような不毛な土地だった松本。その中でも山雅というアマチュアチームが長年、地道に活動を続けて静かに畑を耕していた。そこからアルウィンができたのをきっかけに「Ｊリーグ入りを目指そう」という種がまかれ、ようやく土から出てきた芽は驚くようなスピードでみるみるうちに伸びてきた。40番目に参入してきたＪクラブだからその幹はまだ太いわけじゃないだろうけど、もうすぐ初めての花を咲かせられるんじゃないかというところまで来ていた。

別に自分は山雅に育てられたわけじゃないし、松本には中学3年生の途中までしかいなかったから「恩返し」なんておこがましい言葉を当てはめることもできない。当時の生活は家と学校と練習場しかほとんど行っていないから、街並みもそんなにハッキリとは覚えていなかった。

それよりも、生まれ育った街に一番状態の良い時期に帰ってきたいという気持ちが強かった。それはプロサッカー選手・田中隼磨として一番コンディションが良いぐらいの時期にしか決して見せることのできないパフォーマンスがあると思ったから。サッカー選手を職業にしている以上、いずれ引退の時期が訪れることは百も承知だ。それでも今までの14年間でJ1の355試合に出場して、マリノスとグランパスでは2回の優勝を味わった。まだまだ体もしっかり動くタイミングだからこそ、奥深さが果てしないサッカーの何たるかを伝えていくにも説得力が生まれるんじゃないかとも思っていた。

故郷に芽生えた山雅というクラブの成長を、さらに加速させたい。かつての自分のように県外に出なくても、子どもたちが松本でプロサッカー選手を目指せる環境をつくる手助けをしたい。もちろん、プレーを通じて夢や希望を与えたいし、故郷のファン、サポーターとも唯一無二の信頼関係を築いていきたいと思っていた。

2014年1月15日。キャンプ入り前の練習場となった松本市サッカー場は何しろ寒かった。戻ってきて3年目となる今でも「故郷だから慣れてるでしょう?」なんて周囲によく言われてはいるけれど、何しろ16年ぶりだからあまり覚えていないというのが正直なところだ。車の温度計は氷点下を示していてとにかく寒いし、道には当たり前のように雪が残っていて深い轍ができてしまっているから、車で練習場と家を往復するだけでもひと苦労。しかも、練習場が人工芝なのも、クラブハウスがないのも初めてだった。

そしていざ練習が始まったはいいけれど、何しろ初めてのJ2だからチームメイトの顔も名前もなかなか分からないし一致しない。しかしその中でも、まず実力で周囲を納得させなければいけない。ソリさんに試合で使ってもらうには、これまでの実績は一切関係なく、横一線の状態から練習でしっかりとしたパフォーマンスを出してスタメンに値すると認めてもらわなければならない。そしてJFL時代の11年にマツさんと一緒に戦った選手もいたから、自分がマッさんの背番号「3」を受け継ぐことに懐疑的な雰囲気があるだろうこともうっすらと予感はしていた。やりがいに満ちている、ゼロからの新しい挑戦。予想していた通りの厳しい状況の中、新しいシーズンが始まった。

けれども、不安を吹き飛ばして余りあるくらいの良い感触もあった。

1月下旬、御殿場での1次キャンプ。フィジカルトレーニングがメインのハードな練習と初めての練習試合があって、そこで体感したチームメイトの技量は想定していたよりもずっと高かった。

「こんなに良い選手がいっぱいいるじゃないか。これは絶対に昇格できるぞ」

チームとしてはJ1昇格プレーオフ進出を勝ち点同数の得失点差で逃した前年の7位より上となる「6位以内」を目標に掲げていたけれど、個人的には自分にプレッシャーを掛ける意味も込めてJ1昇格を目指していた。だから、なおさら心強く感じた。特に目を引いたのは船山（貴之）だった。キャンプ最初の練習試合で「こいつは点を取れる選手だ」と一目見て分かったから、直接話し掛けて「お前、今年は絶対に20点取れよ。行けるから」とけしかけた。船山は苦笑しながら「ムリっすよ」なんて言っていたけど、結局そのシーズンが終わってみれば20ゴールまであと1点と迫る19ゴール。躍進の立役者となってくれた。飯田（真輝）もそう。足元の技術は今までのJ1にいた選手と比べればおぼつかない部分もあるけれど、高さと頭を使ったエアバトルの強さには迫力があった。喜山（康平）も、戦術理解度が高いと直感した。他人の言うことを聞いてすぐピッチで実践できるから、刺激すればするほど成長するんじゃないかと思った。船山はそのシーズンを最後に移籍したけれど、現に飯田と喜山の2人はチーム内競争が激しくなる中でも起用され続けてきた。その実績こそが、彼らのポテンシャルの高さを何よりも雄弁に物語っている。

その他にも一緒に練習をしながら良い選手が大勢いることに気付いたから、「アドバイスをしたりして成長のきっかけを与えて、何かを少し変えればもっと良くなるはずだ」と感じた。もちろん希望を持って山雅に移籍してはきたけれど、新たなチームメイトが随所に見せてくれる才能の片鱗は、自分にさらなるやりがいを感じさせてくれた。

2月中旬まで清水でやっていた2次キャンプのとき、山雅に来て初めてソリさんと2人きりで話をする機会があった。結局のところソリさんが一番気にしていた部分は、「J1のトップクラブからJ2の小さなクラブに来て、環境の落差に適応できるのか」ということだと感じたから、そこでもキッパリと言った。

「サッカー人生を賭けて覚悟を持って来たので、全部大丈夫です」

その後の会話はサッカーの細かい部分に流れていったように記憶しているけれど、「覚悟」という言葉を聞いて、ソリさんも色々と理解してくれたように感じた。

とは言ったものの、やはり覚悟していたところで、生身の身体を動かせば、当然厳しいことも数えきれないほどあったし、突きつけられるものもある。まずキャンプが1人部屋じゃないのも、期間が長いのも初めての経験。考えてみれば仕方のないことだ。雪国だから積雪すればグラウンドは使えなくなる。それに伴ってトレーニングのプランがずれ込むし、そのたびに変更の必要性も生じる。それに人工芝ですらない陸上競技場のトラックや、

adidas
EPSON
3

2014年、19得点をあげた船山貴之。 写真:Getty Images

硬いクレーコートの上でプレーしなければならない。そもそも雪がいつどう降るかなんて、それこそ人智の及ばない部分。たとえ積雪がなかったとしても、厳寒の地で体をこわばらせながらトレーニングすればケガのリスクも高まってしまう。ならば雪が降る心配のない温暖な土地でキャンプを延々と続けながら準備するのは当然だった。

そういうチーム運営をせざるを得ないのに、まだ成長途上の地方クラブで資金が潤沢なわけでもないから、宿舎で相部屋なのも仕方ない。ハードなトレーニングで徐々に疲労が蓄積していく中、さらに1人になってリラックスできる時間をほとんど取ることができない。これは自分に限らず、誰にとってもじわじわとストレスになっていくものだと思う。

そしてその期間、家族と会えないのもかなり辛いものがあった。誰よりも自分を理解してくれている奥さんと3人の子どもたちが待つ、唯一無二の居場所。10年以上一緒にいる奥さんは戦術的な部分がわからなくてもプレーをよく見ていてくれるから、調子の良し悪しはすぐバレる。グランパスに契約満了を告げられたときも、次の一歩を踏み出すアドバイスをくれたのは彼女だった。上2人の男の子はサッカーをしていて、「パパはいつも右にいてクロスばっかり。ドリブルして点を決めればいいじゃん」なんて、誰よりも厳しい〝批評〟を平気でしてくる。

キャンプが終わった後も休みが少ないし練習はハードだから、触れ合える時間が減ってしまったのは事実だ。だからこそ少ないその時間を貴重なものだと捉えて、できるだけ一緒にいようと思っている。小学校に通う上の子とは午前練習の時間に合わせて途中まで一緒に通学路を歩いていくし、下の子の幼稚園も時間が合えば一緒に通う。そうやって家族の絆を強めているからこそ、ピッチに立てているんだと思う。そうしたかけがえのない家族と離れ離れになる期間が今までに経験したことがないほど長かったのは、本当にこたえた。

ただそのかわり、新しいチームメイトとは強い信頼関係を築くことができたし、プレーの特徴もつかめた。その部分では大きなアドバンテージを得られたんだと思う。御殿場、清水、鹿児島、そしてまた清水。1カ月を超えるキャンプを終えてようやくシーズン開幕を迎えたが、その後も試練は続いた。当時日々の練習のほとんどを行っていた松本市サッカー場の人工芝は硬くて、慣れるのに苦しんだ。そしてハードなトレーニングを終えた後にも、もうひとヤマが待っている。ファンサービスだ。求めてもらえるのは本当にありがたいけれども、全てに応じきるには30分から1時間がかかる。長蛇の列ができてしまっても、マリノスやグランパス時代のようにサポートに来るスタッフは誰もいない。今までは練習後にすぐクラブハウスで昼食を摂れていた。トレーニング後になるべく早く食事をすることは重要で、そうするのが当たり前の環境にいた。プロサッカー選手はピッチ内でよりよいパフォーマンスを見せるのが何よりも大切な仕事。練習量が多いからなおさら早く食事をした方がいいのに、なかなか思うようにはいかない。地方都市の小さなクラブならではの「ファンやサポーターとの近さ」が山雅のかけがえのない良さの一つだと徐々に身に染みてきたけれども、当初は戸惑いがなかったと言えば嘘になる。

アウェーの時はなおさら驚きの連続だった。東北や中国・四国方面などへの遠征で10時間近くもの長距離バス移動をするのは経験がなかったし、応援をボイコットされたわけでもないのに観客席がガラガラの会場で試合をするのもほとんど初めて。レフェリーのジャッジの基準もJ1とは全然違って、笛を吹いてほしいところで流されたり、逆にちょっと当たっただけですぐ鳴らされたり。相手選手の顔も名前も、最初の頃はほとんど分からない。

だからその年は、本当にJ2の試合をたくさん見た。特に試合の前日には、タブレットで映像を見てマッチアップする相手選手の特徴や相手チームの戦術をしっかり頭に入れておくように努めた。今までにさんざん慣れ親しんできたJ1ならチームの戦い方も選手の特徴もだいたい分かっていたけれど、初めて足を踏み入れたJ2はほぼ未知の世界。だから、これまでのサッカー人生で一番と言ってしまっていいほど他のチームの試合を見て研究した。

最初のうちはこうした驚きの連続だったけれども、自分は何しろ覚悟を持って山雅に来た。だから、それらの新しい環境を「ストレス」だと感じず「発見」だと前向きに捉えるようにした。

例えばバス移動の最中にも「次に行くスタジアムはどんなところだろう」と楽しみに感

じるようにしてみたり、相手チームの映像を見ながらでも「こんなに良い選手がいるんだ」と新鮮味を感じるように心がけてみたり。そういう意識付けを常日頃からしておかなければ、短期間で自然と馴染んでいくなんてことは到底無理だった。自分で言ってしまうのもなんだけど、今まで10年以上も慣れ親しんでいた環境とは全く違う場所にスムーズに適応するという部分には、本当に心血を注いだ。それをさせた原動力も、やっぱり「故郷にようやく芽生えてきたサッカーの苗木を、より高く太く育てる手助けをしたい」という強い覚悟に他ならない。そして、かつてマツさんが言っていたのと同じように「トップクラブと比べたら恵まれていない環境でもサッカーはできるんだぞ。今に見てろよ」という思いも抱いていた。今までに経験してきた数々の逆境を思えば、この難しさだって乗り越えられないはずがない。そう自分を信じていた。

▼歴史を刻んだ2014シーズン

3月2日、シーズン開幕。チームは味の素スタジアムで行われたアウェーの東京ヴェルディ戦に1－3で勝つことができた。キャンプ中に「20点取れよ」と言っておいた船山が、開始5分のPKを皮切りにいきなりハットトリックをやってのけたのだ。グランパス初年度の09年に経験したアウェーのＡＣＬ初戦などと同じで、やはり何事も最初が肝心。勢いに乗ったチームはその後の３試合負けなしで好スタートを切った。続く第４節のカマタマーレ讃岐戦は開始７秒で（岩上）祐三がゴールを決めるなどして０－５の大勝。その時点で早くも２位につけており、順調な滑り出しとなった。

ソリさんの課す日々のトレーニングはフィジカル的に厳しいという話はあちこちから聞いていたから、山雅に移籍することを自分の中で決めていた前年12月の段階からひたすら走り込んでケガをしない身体づくりに取り組んできた。ピクシーのグランパスでは戦術的なトレーニングがメインだったからなおさらギャップがあるし、期待されて故郷に戻ってきたのにいきなりケガをして戦線離脱なんて問題外だ。そうした準備の甲斐もあって、開幕から右ウイングバックのポジションを勝ち取ることができていた。

チームのスタイルも、今まで所属していたマリノスやヴェルディ、グランパスとは真逆と言ってもいいほど違っていた。自分たちでボールを保持して相手ディフェンスを崩しながらゴールを狙うのではない。ひたすら走って粘り強く守って、その末にカウンターやセットプレーなどで勝ち点を拾うやり方だ。その根本にあるのは、自分でも大事にしている「ひたむきさ」。ＪＦＬ上がりの12年にソリさんが就任して以降、選手の力量に沿ったチーム作りを突き詰めた結果こういうスタイルが出来上がってきたのだろう。それは自分にとって、過去14年間のプロ生活でさんざん相手にしてきたチームの戦い方と重なる部分も多い。けれども、どんな環境に身を置くのであれ、大事なのは監督が求めるサッカーをしっかり理解してピッチで表現することだ。ひとたび監督が船長を務める船に乗った以上は、何があろうともそれを覚悟して受け入れなければいけない。あいにく山雅には自分たちからボールを動かして相手ディフェンスを崩していく力があまりなかったから、結果的にポゼッションにはこだわらないスタイルを追求していた。だから必然的にディフェンスに回る時間は長くなるし、勝ち点は積み重ねていたけれどほとんどが紙一重だと言っていい。その中で謙虚な姿勢を崩さずにひたむきに闘うことで勝負強さを発揮できていた。

初めて黒星を喫したのは第5節・湘南ベルマーレ戦。Ｊリーグで積み重ねてきた歴史は山雅よりも長いし、その年も上位候補に挙げられていた相手だ。当然のように技術レベルは相手の方が高く、そのうえにベルマーレは運動量も豊富。中でも翌15年に日本代表に選ばれて話題を呼んだ遠藤航や最終的に20ゴールで得点ランキング2位に入ったウェリントン、中盤で攻守にわたって存在感を示していた永木亮太といった面々はＪ１レベルのクオリティーをいかんなく発揮してきた。

試合は37分に先制ゴールを奪われたが、60分に飯田のヘッドが決まって同点。格上の相手に対しても、ひたむきに闘いながら何とか渡り合えていた。だが65分に大槻周平に勝ち越しゴールを許し、そこから形勢が悪くなってしまった。終盤はリスクを承知の上で攻めに出たものの、逆にカウンターを食らって90分以降に2失点。結果的には1－4で終わった。時期は3月末。松本はただでさえ肌寒いうえに、その日は雨も降っていた。そんな中、ホームスタンド側以外に屋根のないアルウィンにわざわざ応援に来てくれたサポーターの前で、無残なスコアで敗れてしまった。悔しいし申し訳なかったけれども、現状を真摯に受け止めながら次に進むしかない。こういう思いをしないように「勝つことが何よりも大事だ」とチームに植え付けていくのも、山雅で自分に課せられた仕事だと感じた。

次節もコンサドーレ札幌に敗れてシーズン初の連敗を喫し、一時的に8位まで後退。けれどもその2敗を薬にして、チームは再び上向いた。第7節の栃木SC戦で開始6分までに祐三と飯田が2ゴールを挙げ、2－1で逃げ切り勝ち。それ以降の7試合は4勝2分け1敗。第11節愛媛FC戦での白星を境に、順位も3位まで再浮上することができていた。

球際で絶対に負けない。ゴール前は体を張って死守する。粘り強くしたたかにわずかな勝機をうかがい、そこを逃さずゴールを奪う。白星は先行していたし上位にはいたけれど、1戦1戦がギリギリだった。

そんな中で迎えた5月24日。アルウィンにジュビロ磐田を迎えた第15節を境に、自分の中で異変が起こっていた。試合翌日、右膝に今まで感じたことのない痛みが走ったのだ。だがそれが今後のサッカー人生に大きく関わるかもしれないものだとは、この段階ではまだ気付いていなかった。

磐田はその年の優勝候補筆頭に挙げられていて、その時点で山雅と勝ち点3差の2位。もちろんピッチに立つ側からすれば1試合ずつが大事ではあるけれど、客観的に見ればシーズン前半戦のヤマ場だった。試合は3分に磐田の最終ラインの隙を突いた船山がすかさず先制。30分には飯田が追加点を挙げる理想的な展開だった。相手はJ1優勝経験もある名門。Jクラブとしての歴史はもちろん個々の技術も相手の方がずっと上だから、「格下」にプライドを傷つけられたとばかりに圧力を増してくる。しかし、この時点で今季最多の15597人が来てくれた自分たちのアルウィンで、腰の引けたような闘いぶりは絶対に見せられない。そして何よりも勝たなければいけない。互いに意地がぶつかり合い、ピッチのあちこちで球際の激しいコンタクトが起こっていた。

その試合の特定のプレーでケガをしてしまったのではない。これまで膝に負担をかけ続けていた結果、強度の高い試合に出て亀裂が入ってしまったんだと思う。原因は推測できている。練習場の硬い人工芝だ。これまでのプロ生活では管理の行き届いたきれいな天然芝でしか練習してこなかったから、そのギャップを埋めきれなかった。過去には痛めたことのない部位だし、試合後も一切の痛みは感じなかった。

だが翌朝。目覚めてベッドから起き上がろうとした瞬間、右膝に激痛が走った。「おかしいな……」。小学生の長男と一緒に途中まで通学路を歩いていくために2階のリビングから階段を降りていたら、再び痛みに襲われた。右膝から全身にかけて、瞬間的に電流が走るような感覚。冷や汗が出たのと同時に「ヤバいな」と感じてさらに汗が出た。

プロ選手として経験してきた今までのケガとは明らかに違う痛み。でも磐田から逃げ切って勝ち点差で並んだ上り調子のチームに水を差したくはなかったし、何よりもサッカー人生を賭けて生まれ故郷に戻って来た。自分が言った「覚悟」という言葉は、そんなに軽いものじゃない。もっと言えば、後日にメディアの方々が美談として書き立ててくれたけれど、そもそもケガをしたのは自分自身が悪いだけの話。新しい環境に適応しきれなかった自分の責任でしかない。

だから「何かおかしいけど、どうにかなる痛みだろう」とごまかしながら練習に行くことに決めた。自分の回復力に賭け、奥さん以外には誰にも言わず練習も試合もこなした。だが1週間が経って2週間が過ぎ、1カ月を超えて2カ月まで来ても、痛みは一向に消えてくれない。「これはサッカー人生に関わる問題かもしれない」。むしろ、嫌な予感が日に日に増していった。

そして8月上旬、勇気を出してメディカルスタッフに打ち明けた。ヴェルディ時代の12年前に左の第5中足骨を疲労骨折して以降はケアを徹底していたつもりだったし、実際にその後の小さなケガは時間が経てば自然に回復していった。けれど、今回は「全くの別ものだろう」という確信があった。すぐ松本市内の病院でMRIを撮ってみたら、診断結果は「右膝半月板損傷」。予想通りだった。

何人かのドクターの意見を聞く中では「すぐにでも手術をした方が良い」という見解もあったし、もちろん強行出場に反対する人が大半だった。それでもチームはJ1昇格への道筋がより鮮明に見え始めていた時期。練習は毎日あるし試合も必ず毎週末にやってくる。J1と違って、日本代表の召集に伴って中断したりもしない。厳しい状況ではあったけれど、何が起ころうと受け入れると決意して山雅に来た。それも含めての「覚悟」だ。だから膝がロックして動けなくなったら手術せざるを得ないけれど、そうなるまではやると決めた。

「そのままプレーを続けると、半月板だけじゃなくて周囲の軟骨まで影響が及ぶ可能性がある」というドクターの意見も当然あった。

だけど最終的に決めるのは自分で、やるのも自分。周囲には隠してプレーを続けることにした。ただ、ひとたびピッチに出てしまえば痛いも痛くないも関係ない。試合できっちり100％の力を出せないと自分で判断したときや、ソリさんが「他の選手の方が良いプレーができる」と判断したときには潔く引っ込むつもりだった。

動けなくなるのが先か、J1昇格が先か。

1週間に1回、市内の病院に通って患部に溜まりやすくなっていた水を抜きつつ、ヒアルロン酸の注射を打ち続けた。今までいたチームだったらクラブハウス内で治療ができていたけど、そんな設備が整っていない山雅ではそうはいかない。外来の待合室で他の一般患者に怪しまれるリスクとも隣り合わせで、ヒヤヒヤしながらの日々を送っていた。

そのケガはメディカルスタッフと反町監督など一部のチーム関係者内で極秘事項とされた。気を遣われてピッチ内でのプレーに影響したら問題だから、チームメイトにすら隠し通した。シュート練習など右脚に強い負荷が掛かるメニューは部分的に外れるときもあったけれど、それ以外の全体練習は不審がられないように努めて参加した。どうしたのかチームメイトに聞かれても「ちょっと膝が痛いんだよね」程度の軽口でかわし続けた。もちろん、練習場で右脚を引きずるような仕草をしたことも一度もない。

自分の中の痛みと戦いながら、毎週末の試合でも闘い続けた。チームは6月14日のギラヴァンツ北九州戦で負けたのを最後に、以降はクラブ記録となる12試合連続負けなし。7月20日の第22節V・ファーレン長崎戦に勝って以降はずっと2位をキープしていた。3位の磐田が足踏みを続けているうちに順調すぎるほど勝ち点を積み重ねていて、このまま行けば自動昇格が見えてくる状況までになっていた。けれども自分を含め、チームは誰一人おごることなく次の試合に向かい続けていた。そんないいチーム状態の中で、自分の右膝半月板損傷なんか些細なことだ。そう言い聞かせながら日々を送っていた。

そして10月26日。ホームの第38節カターレ富山戦に勝ち、あと1勝すればJ1昇格圏内の2位が確定する状況にまで持ち込んだ。

その週、ソリさんと話をする機会があった。練習場で話をするとチームメイトや出入りしている記者に怪しまれる可能性があるから1対1で話すことはなかったけれど、この日は痛みが強くなってきていたのでコンディションを伝えに行ったのだ。そこでケガの状態を聞かれた後、こう言ってくれた。

「次の福岡で決めるから、大丈夫だ」

普段は決して多くを語り合うわけじゃない。けれどもこのたった一言だけで、ソリさんの決意も十分すぎるほど伝わってきた。

そして迎えた11月1日、アウェーのレベルファイブスタジアムで行われた第39節アビスパ福岡戦。試合は思惑通りに進んだ。0－0で迎えた57分に船山が先制ゴール。その時1

トップに入っていた山本（大貴）は、昇格の懸かった大舞台の雰囲気にのまれてフラフラしているように見えたから、両頬を平手で叩いて喝を入れた。チャンピオンシップを制したマリノス時代の04年や、あうんの呼吸でJ1制覇を果たしたグランパス時代の10年。そうした経験の一つひとつを、今この舞台でこそ発揮しなければならない。それはピッチに立っている11人の中で自分にしかできない仕事だと思ったから、自然とそんな行動に出た。

そうしたら、その山本が71分に見事なミドルシュートで追加点を決めてくれた。カウンターから得意の左脚で。79分にPKを与えてしまって1失点したけれども、その後はしっかり試合をクローズして2－1で終了のホイッスル。その瞬間、リーグ戦3試合を残した状態でクラブ初のJ1昇格が決まった。

人生を賭ける覚悟を持って山雅に来た。
自分の中で立てていた目標が達成できた。
マツさんが願ったJ1の夢を叶えられた。
抑え続けていた痛みから解放された。

色々な感情が一気に湧いてきて、ピッチにうずくまって泣いた。
けれどその直後にすぐ、それとは全く別の感情が湧き上がってきた。

「このままJ1に行ったらマズいことになる」

高校3年でマリノスとプロ契約をしてから山雅に来るまでの14年間で、嫌と言うほどJ1の厳しさが骨身に染みていたからだと思う。そこでは挫折も栄光も味わった。とはいえいずれにしても、J2とは別次元のクオリティーを持つ一流選手たちが、どんなプレーをしてどうやって山雅に襲い掛かってくるのかを知っている。

それを考えたら、喜びに沸いている暇なんて到底ないに違いないと直感した。
だから歓喜に沸くそのピッチですぐさま、誰彼構わずに声を掛けまくった。大月社長や八木副社長、ソリさんはもちろん、サポーターに向かっても。

「ここからが本当の勝負です」

クラブ初のJ1を生き残るために。博多での笛が鳴ったこの瞬間から、さらなる厳しい勝負が始まっていると思った。

だからこそ自分は、翌年のシーズン開幕から万全の状態でピッチに立っていられるために、翌日からすぐさまリハビリに入った。

実はこの時期、どこの段階で昇格が決まったらどの日取りで手術するかを残り試合ごとに設定してあった。4人のドクターに意見を仰いでいたから「保存」か「手術」かで二転三転したけれど、自分の中では「手術しないとこの膝は治らないだろう」と思って段取りをしていたのだ。だが福岡戦の前の週に事態が一変。執刀医となる予定だった名古屋のドクターが最新のMRI画像を見て「もしかしたら手術しなくても治せるんじゃないか」という意見を言ってきた。水面下でそんな出来事があって、実は半信半疑の状態で大一番を迎えていたのだ。そこで勝って昇格を決めた後、奥さんがずっと「手術をしない方がいいよ」という意見だったことも手伝って、結局は保存療法で治すことを決めた。

ちなみにチームは自分がいない残り3試合も2勝1敗で終えてくれ、ホームでの最終節・水戸ホーリーホック戦も白星を飾って素晴らしいシーズンとなった。山雅に戻ってきたその年は32歳。まだまだ体がしっかり動くフィジカル的にも充実した時期だから、プレーで周囲を納得させることもできる。そして覚悟を持って戻ってきたからには、クラブの将来も考えて言っておかなければいけないこともある。

だからこそ日々の練習などにしても、あえて「うるさ型」の役となった。もちろん山雅には山雅独特の良さがあって尊重しなければいけないことはたくさんあるけれど、それとは別に改善が必要な部分も山ほどあると感じたから、そこは遠慮なく言った。アマチュアのJFLから上がってきて間もないクラブだから、プロの世界のスタンダードを知らないのも仕方がないこと。だからといってこのままでは何も改善されない。そのためには口うるさく言わないと集団全体の意識が高まっていかないはずだと危機感を持っていた。

それは選手に対しても同じ。練習中には「ミスをして当たり前」みたいな雰囲気もあって、それも指摘した。グランパスに入った当初に感じた「甘さ」とはちょっと毛色が違うしクラブの立ち位置も違うから一概には言えないけれど、試合で勝つためには練習から厳しく臨まなければいけない。そのメンタリティーでプロ生活を送ってきたからこそ、言わなければいけない部分は言った。

ただ、水の向け方には十分すぎるほど注意した。同じメンタリティーを共有できる選手はまだ山雅には少ないと思っていたし、マリノスやグランパスでは自分の意見を強くアピールしすぎて「浮いて」しまっている選手を嫌というほど見ていたからだ。それに自分にしたって、プロになりたてのマリノスでは偉大な先輩たちにさんざん厳しく当たられていたし、グランパス時代にはピクシーとボスコからボロクソに言われ続けていた。だからこそ、言われる側の立場も痛いほどわかっている。だから言い方やタイミングなどのアプローチに関しては、しっかり考えてから行動に移したつもりでいる。

▼山雅の未来のためにできること

他にも、覚悟を持って山雅に来た責任を全うしなければいけないことがある。自分がサッカーを始めた頃にはなかった地元プロチームの選手として、長野県の、そして松本の子どもたちに夢を与えることだ。アルウィンでのプレーを通じてそれをすることはできる。だから、J1初参戦となった15年からはクラブ側と話し合い、サッカーをしている子どもたちを招待する「田中隼磨シート」を設けてもらった。自分の少年時代には全く身近な存在じゃなかった日本のトップリーグを、肌で感じてほしいと思ったからだ。もちろん、「いつかはその中からアルウィンのピッチに立つ選手が出てきてもらいたい」という願いも込めている。

それだけでは気が済まない。アルウィンに来たことがない子どもたちにも、夢を持つこと、それに向かって一心に取り組むことの大切さを伝えなければいけない。

だから、クラブ側に「小学校に行ってキャリア授業をする」という事業を提案した。自分が松本で生まれ育った時代、山雅はあくまで地元のサッカーチーム「山雅クラブ」。サッカー熱はほとんどなかったし、プロを目指せるような恵まれた環境は到底なかった。

だからこそ自分は「プロサッカー選手になるんだ」という覚悟を背負いながら、たった一人でフリューゲルスのユースに飛び出した。

でも今はJクラブの山雅がある。たとえ子どもたちの選びたい道がサッカー選手ではなくても、この地で生まれ育った山雅の選手が直接語り掛けることで、説得力も増すはずだと考えた。J1昇格を決めた後の14年11月にようやく1回目の授業にこぎ着け、15年のシーズンオフとなった12月には2回目があった。夢を持つこととそれを言葉にすることの大切さ、そして何よりも日々の積み重ねが重要だということを、自分の体験を基にしながら子どもたちに伝えたつもりだ。本当はシーズン中でも一向に構わないから、いくらでも地元の小中学校に行って同じような授業をしたいと思う。

16年の誕生日が来れば34歳になる。もちろん加齢に対しては可能な限り抵抗していくつもりだ。とはいえ残された時間が決して多くはないことを知っているからこそ、なおさら立ち止まっている暇はない。

その前に、まだプロサッカー選手として一番大事な責務が残っている。Ｊ１に初参戦した15年。結論から言えばこの年は、これまでのプロ生活の中でも一番と言えるほど悔しさにまみれたシーズンとなってしまった。

その前年に昇格を決めた瞬間から、「これからが本当の勝負だ」と発信し続けていた。けれども、やっぱり現実は厳しかった。

その厳しさをチームとして心の底から共有でき始めたのは、おそらく名古屋グランパスとの開幕戦ではないだろうか。

32分にオビナが左コーナーキックからの流れで先制ゴール。だがわずか1分後にあっさり追い付かれる。ゲーム運びのあやを考えれば、より集中力を高め、絶対に失ってはいけない時間帯にだ。ましてや初のＪ１を戦い抜かなければいけない山雅にとってはなおさら許してはいけないものだった。試合はその後63分に池元（友樹）、76分には喜山が立て続けにゴールを奪って３－１。前年までのＪ２だったら、ひたむきに守り抜いて試合を終えることができたかもしれない。

でも、Ｊ１はそんなに甘いものじゃない。トゥーのパワープレーに屈し、またしても２分後に失点。そうすると流れは一気に相手に傾く。さらに２分後にはノヴァコヴィッチに鮮やかな左脚シュートを決められてあっさり同点とされてしまった。挙句の果てには終了間際にＰＫを与えてしまい、大逆転負けのピンチ。ＧＫのムラ（村山智彦）がトゥーのＰＫを止めてくれて、終わってみれば「何とか勝ち点１を拾った」と見られてもおかしくない試合になった。

くしくも対戦相手となったグランパスでの１年目にＡＣＬで経験したときのように、やっぱり物事は最初が肝心なのだ。取れたはずの勝ち点３を２減らしてしまった。ましてやＪ１を初めて経験する選手が多いチームの初陣。絶対に与えてはいけない時間帯に失点を重ね、しかも試合終盤の２点リードを守れなかった。そのダメージは計り知れないほど大きい。結果的に振り返ってみれば、このシーズンを象徴しているような試合だった。「初のＪ１の開幕戦で勝ち点１を取れた」と前向きに捉えることもできたかもしれない。けれども自分の中では悔しさしかなかったし、この先の道のりも厳しいものになるという予感はもはや確信に変わった。だから試合後のミックスゾーンでは、Ｊ１初年度の開幕戦で古巣のグランパスと戦った感想を聞いてくる報道陣に向かってこう言った。「自分の感情よりもチームが勝てなかったことが悔しい。この代償は必ず払うことになる」。実際、その通りに思っていた。Ｊ１経験がないチームだからこそなおさら、一刻も早く「Ｊ１での勝ち方」を知らなければいけなかったのに。

もちろんグランパスは13年までの５年間を過ごした古巣だから、特別な感情はあった。さまざまな覚悟を背負ってＪ２の山雅に行って、昇格した初年度の開幕戦の相手がグランパス。しかも会場は、慣れ親しんだ素晴らしい豊田スタジアムだ。運命的な巡り合わせを感じずにはいられなかった。対戦相手には、かつてあうんの呼吸でともにＪ１優勝を経験したトゥーとナラさんがいる。当時はまだ若くて経験の浅かった永井（謙佑）もタイシ（田口泰士）も、成長して一人前になっていた。試合後にはグランパスのサポーターも、緑色のユニフォームに袖を通して戻って来た自分にコールを送ってくれた。感謝をしなければいけない。そして山雅の中で誰よりもＪ１を経験している身としては、責任を背負って前に進まなければいけない。ピッチを一周してスタンドに向かってあいさつをしながら、色々な思いが胸にこみ上げて視界がにじんだ。ピッチを去るときには、自然と頭を下げていた。

とはいえ、やはりシーズンは苦しい戦いが続いた。ファーストステージ第3節・アウェー清水エスパルス戦でJ1初勝利を飾ったまではいいものの、黒星が先行。セカンドステージ第3節の鹿島アントラーズ戦で勝つまでには7連敗と負けが続いてしまい、寝られない日々が続いた。「自分に何ができるのか」「次はどうしたら勝てるのか」。体を横たえているから休息にはなっているけれど、自然と色々な考えが頭をよぎってしまう。今までは必ず毎日8時間以上の睡眠を取っていたのに、それがどんどん削られていく。自分たちは自分たちのスタイルがあって、それを信じてJ1まできたのだから、それを貫くしかない。でも結果が出ていないのだから貫くのもちょっと違うかもしれない。でもやり方を変えて臨機応変に対応できるほど器用なチームでもない。堂々巡りになり、結局は「一番の近道は最後まで自分たちを信じて貫くことだろう」と言い聞かせていた。

このチームには確固たる「山雅スタイル」がある。監督が替わっても選手の誰が替わっても、それは大きくは変わらない。例えば浦和レッズや川崎フロンターレ、サンフレッチェ広島のファンやサポーターは華麗なポゼッションを見にスタジアムに来ているかもしれない。けれども自分たちのスタイルはそうじゃない。攻守の切り替えをもっと早く、もっと泥くさく、もっと賢く闘う。どちらがいいとか悪いとかじゃない。ポゼッションだから勝てるわけでも、山雅のやり方だから勝てないわけでもない。ただ山雅にはオンリーワンの美しいスタイルがあるから、胸を張って自信を持ってやればいい。それが成功につながると信じていた。

そしてサポーターも、苦しいはずなのにブーイング一つせずに前向きな声援を送り続けてくれていた。驚いて言葉が見当たらなかった。今までのマリノスやグランパスでは、負けが続けば罵声を浴びせられることもバスを囲まれることも当たり前。2010年のグランパスでは応援をボイコットされ、観客席がガラガラでシーンとした中で試合をした経験もある。貴重な時間とお金を使って試合を見に来てくれるのだから、「勝利」という満足で返さなければ意味がない。そう思って信頼関係を築いてきたつもりだった。

ファンやサポーターとの絆をさらに強めたいという思いから、03年にはブログを始めた。自分の言葉で思いを綴ると、そこにはメッセージも投稿される。中には細かいプレーについての指摘や誹謗中傷のような発言もあるけど、その全てに目を通して前向きなエネルギーに変えている。興味を持ってもらえているからこそ批判をされるわけだし、そうでなければそもそもコメント自体をされない。そう思って、どんな厳しい言葉でもしっかり受け止めるようにしてきた。それが成長の原動力の一つでもあった。

それなのに山雅のサポーターはどれだけ負けても、どこまでも前向きに後押しをしてくれる。おそらく世界中のどこを探してもいないんじゃないかと思えるほどに。自分のチャントには「松本の誇り」という言葉が入っているけれど、真に誇るべきはそうしたサポーターの存在だ。だから負け続けていたときには温かさを感じる半面、余計につらくもあった。

前向きな声援に甘えてはいけない。

勝利で恩返しをしないといけない。

それなのに勝てない……。

今まではどんな結果であろうと顔を上げてサポーターと目を合わせてあいさつをするようにしてきたけど、その時期はなかなか上を向くことができなかった。つらかった。

だからこそ、ホームで連敗を脱出できた試合は本当に安堵感が大きかった。鹿島アントラーズを迎えた7月19日のセカンドステージ第3節。途中加入してきた工藤浩平が17分に相手ディフェンダーのボールを奪い、そのままGKと1対1になって先制した。28分には飯田のヘディングが決まって2－0。後半はピンチの連続で11本ものシュートを浴びたけれども、粘り強く守り抜いて、そのまま試合終了のホイッスルを聞くことができた。

長いトンネルを抜け、やっとサポーターに勝利を届けることができた。そしてアルウィンに響きわたる凱歌、「勝利の街」。久々にそのチャントが耳に入ってきて、ようやく顔を上げることができた。サポーターの笑顔を見られることが、本当に嬉しかった。そしてつかの間の喜びと同時に、「ここからまだまだ勝たなければいけない」という思いもすぐに湧いてきた。もっともっと何度でも、心地良いこの歌をアルウィンに響かせなければいけない。

それと前後した夏の移籍期間で、チームには工藤のほか安藤淳も新戦力として加わってきていた。その後の9月には元韓国代表でイングランドのウィガン・アスレチックに所属していたキム・ボギョンがやって来た。フロント側も一生懸命「トップ15」、つまり残留という目標に向けてサポートをしてくれているのを感じた。

だけど、ボギョンに関してはヨーロッパ志向が強いことを最初から知っていた。腰掛け程度の中途半端な気持ちで山雅にいてもらっては困る。持っている力を最大限チームに還元してもらうために、自分にできることは何か。そう考えて、練習参加した初日に通訳を介して話し掛けた。「ここで活躍することがチームのためにも君自身のためにもなる。だから力になってほしい」。結局は練習試合でのケガもあってフル回転してくれたわけではなかったけど、同じピッチに立ったときは可能性を感じた。

アントラーズに勝ったとはいえ、その後もチームは波に乗ることができない。引き分けすらもなかなか難しい。特に試合終盤の失点がリーグ最多で、勝ち点を取りこぼす試合が目立ってしまった。チームの誰もがサボっていたわけじゃないし、結局全34試合にフル出場した自分にしても当然あきらめずに闘い続けた。それなのに結果がついてこない。

1試合ごとに追い詰められていき、迎えたセカンドステージ第16節・アウェーのヴィッセル神戸戦。42分に先制して逃げ切れそうな時間帯に差しかかったとき、またしても試合は暗転した。85分に森岡亮太の同点ゴールを許すと、アディショナルタイム3分にはペドロ・ジュニオールの逆転弾を食らった。引き分けでも残留できないという崖っぷちの状況で、このシーズンを象徴するような展開。ノエビアスタジアムのピッチで、やり切れない無念さに打ちひしがれた。2ステージ通算の最終成績は7勝7分け20敗。こんなに勝てないシーズンを送ったのは、プロ15年目にして初めてだった。

悔しかった。ただただ悔しかった。だからこそ、同じ思いはもう二度と味わいたくない。全試合にフル出場した自分の責任は重いし、まだまだ成長する余地があると再認識させられた。そしてクラブ全体もＪ１という舞台を1年間戦ったことで大きな財産を得たはずだし、それを次なるエネルギーに変えてステップアップしていかなければ意味がない。

だから、何度でも言う。
覚悟を持って山雅に来た。

だから再び山雅でJ1の舞台に立ち、ビッグクラブを倒してみせたい。アルウィンを緑に染め、アウェーにも大勢駆けつけてくれるファンやサポーターと勝利を分かち合いたい。「松本の誇り」である彼らには、J1の舞台こそがふさわしい。そしてピッチの中でも外でも、子どもたちに夢を見せていきたい。

そのためになら、自分にできる全てのことを注ぎ込んでみせる。

プロサッカー選手を目指して松本を後にした中学3年生の夏。戻ってくることがあるなんて全く考えていなかった。フリューゲルスユースとマリノス、ヴェルディで成長させてもらい、再び戻ったマリノスと移籍したグランパスでは優勝という最高の経験をした。そして数え切れないほどの運命的な巡り合わせの果てに、今は生まれ育ったこの街に帰ってきた。かけがえのない家族と温かいサポーターに支えられ、無上のやりがいを感じながらプロサッカー選手としてプレーできている。3人いる子どもたちの長男と次男は山雅のスクールでサッカーをしていて、「僕もアルウィンでプレーしたい」と嬉しいことを言ってくれている。


いつの日からだろう。

試合開始前。センターサークルの端に立ち、目を閉じて天を仰ぐようになったのは。

生まれ育った街でサッカーができる喜び。

マツさんの「3」を背負っている使命。

今を生きていることの重み。

全身でそれを感じたくて、自然とそういう行動を取るようになった。別にルーティンなんて格好いいものじゃない。

最高に幸せなんだ。

だからこそ、絶対に勝ちたい。

そして松本を、「勝利の街」にしたい。

写真：Shinya Tanaka

EPSON
12

写真：Torao Kishiku

構成者あとがき――「誇り」の先にあるものは

大枝 令

「おお田中隼磨　松本の誇り」

松本山雅FCにおける彼のチャントは、こんなフレーズで始まる。

確かにその通りだ、と思う。松本市は人口24万人ほどの地方都市。しかもサッカー熱がほとんどなかった土地から羽ばたいた郷土のスターなのだから、そんな言葉がぴたりと当てはまる。

だが、果たして「誇る」だけでいいのか。

人は誰しも、生まれる時と場所を選べない。プロサッカー選手を目指し始めた少年・田中隼磨にとって、松本という環境は少々酷だったように感じざるを得ない。だが彼はやってのけた。歩んできた道のりが決して平坦ではないことは、本書を通じて伝えられたと思う。むしろ逆境や試練に愛されているのではないかと感じてしまうほどだ。それでもプロサッカー選手として2度のJ1優勝という経験をし、日本代表のユニフォームにも袖を通した。

その根底にあるのは、「意志の力」に他ならない。何かの目標に向けて努力しても必ず実るわけではないが、努力をしなければ決して何かを得ることはできない。当たり前すぎるほど当たり前だが、どんな環境にあっても意志の炎を絶やさずに歩みを進めてきたことには敬服するほかない。

そんな道のりを歩んできた田中隼磨はいま、生まれ故郷にある成長途上のクラブ・山雅にいる。当時発行エリア外である長野県南信地方の地域紙記者だった私は恥ずかしながら、2014年1月の入団記者会見で初めて彼を見た。

発する言葉の力強さ。まっすぐ前を見る眼差し。寸分の隙もない立ち居振る舞い。

その1時間余の会見だけで、人を惹きつける力強さを感じさせられた。そして対面して取材をすると、自然とこちらも背筋が伸びるようなパワーを帯びていた。

その年にチームが始動して以降、日々のトレーニングを取材する中で彼を観察していた。やはり振る舞いは自他に厳しいものがあり、当時山雅の現場広報だった小沢修一氏は「まるで監督が2人に増えたみたいですよ」と苦笑していた。その後も反町康治監督をはじめクラブ関係者から、そのプロフェッショナリズムについての賛辞を幾度となく耳にした。

報道陣やサポーターへの対応もそうだ。どんなに苦い敗戦の後にも、ミックスゾーンで声をかければ必ず立ち止まり、その責任を一身に背負って言葉を紡ぐ。質問する側の「言葉の刃」が、どんなになまくらなものであれ。そして練習後にファンサービスを求められれば丁寧に応じる。しかも彼のサインは書くのに時間がかかるのに、一筆一筆に魂を込めるかのようにペンを運んでいく。

本書を出版するにあたっての取材にしても、全く同じことが言える。多忙なシーズン中、息抜きをしたいはずのオフ期間中、そして新たな挑戦へ集中したいはずのキャンプ中。彼は労を惜しまずに時間を費やしてくれた。長くサッカー界に身を置いているジャーナリストの諸先輩方なら、もっとたやすく仕上げることもできたに違いない。しかし一から根掘り葉掘りほじくり返す私に対し、彼は嫌な顔一つせず応じてくれた。何の実績もない私を編者に選んで頂いた出版社の方々も含め、感謝の念しかない。

本書の中では、彼自身がいかなる歩みを経て松本山雅FCにたどり着いたのかも描かせてもらった。その中では、日本サッカー界を代表する数々の名プレーヤーが登場してくる。山雅がJリーグに参入した2012年以降、そうした選手たちの多くがアルウィンのピッチに立った。山雅と田中隼磨をゲートとして、松本はいま日本のトップ、そして世界にまでも繋がっているのだ。

彼自身は「いい出会いに恵まれた」と語っている。確かにそういう側面も否定はできないが、何よりも彼自身の強い意志の力が「いい出会いを引き寄せてきた」に違いない。当初からその予感はあったが、本書の出版に際して取材を重ねるうち、それは確信に変わった。

その彼がいま山雅にいて、アルウィンのピッチで闘っている意味は何なのか。単に郷土のスターとして「誇られたい」だけなのか。

決してそうではないはずだ。だからこそ、彼のチャントを聞くたびに思うことがある。「誇る」こと自体は簡単だ。けれども、それだけでは物足りない。

歩んできた道のりの過酷さに思いを馳せ、未来への糧にしてほしい。人は誰しも、生まれる時と場所を選べない。しかしその先に訪れる数々の岐路を自ら選び、「生きる意味」を見出すこともできる。それが困難であればあるほど、達成したときの風景はすがすがしいものではないだろうか。彼の半生は、何よりも如実にそれを物語っている。

少なくとも私はそう感じ、ささやかな安定を投げうってフリーランスという立場を選んだ。そして微力ながらも本書に携わらせて頂いたことは、この上ない喜びだと感じている。人生は十人十色で、その中にはそれぞれの「闘い」が存在しているはず。それに立ち向かっていく勇気が、読者の皆さんにも吹き込まれれば幸いだ。

PROFILE

田中隼磨 HAYUMA TANAKA

1982年7月31日生まれ、長野県松本市出身。右サイドを主戦場とするプレーヤー。地元・FC松本ヴェガで小・中学生時代に全国大会へ出場。単身で横浜フリューゲルスのユースに加入。クラブの消滅後、横浜F・マリノスユースへ移籍。01年、トップチームに昇格。02年、東京ヴェルディ1969（現東京ヴェルディ）へ期限付き移籍した。04年、横浜F・マリノスに復帰し、04年のJリーグの1stステージ、年間優勝に貢献。09年から名古屋グランパスへ、翌年クラブ初となるリーグ優勝、11年ゼロックススーパーカップタイトル獲得メンバーとなる。14年、移籍した松本山雅FCでは背番号「3」を引き継ぎ、J1昇格を果たす。16年、地元クラブでJ2降格から再昇格を狙うクラブを牽引する。

大枝 令 REI OEDA

1978年、東京都世田谷区出身。立教大学を中退して早稲田大学に再入学し、卒業後の2005年から長野県内の新聞社で勤務。08年よりスポーツ専属担当となり、県内のアマチュアスポーツなどを取材。09年末の全国地域リーグ決勝大会を機に松本山雅FCの取材を始め、15年に退職してフリーランスに。以降は松本山雅FCを中心に取材活動を続けている。16年1月よりクラブ公式ホームページ内の有料コンテンツ「松本山雅FCプレミアム」編集長。並行してサッカー専門誌（電子版含む）などにも寄稿している。

闘走心

一戦一勝一瞬に身を捧げる覚悟

協　　力　株式会社ジャパン・スポーツ・マーケティング
構　　成　大枝令
デザイン　山内宏一郎(SAIWAI DESIGN)
D　T　P　アワーズ
写　　真　山本雷太(表1、本文)、田中伸弥(表4、本文)
木鋪虎雄(本文)、Getty Images(本文)
編集協力　一木大治朗
編　　集　川口昌寿

発行日　2016年5月20日　初版

著　者　田中隼磨
発行人　坪井義哉
発行所　株式会社カンゼン
〒101-0021 東京都千代田区外神田2-7-1 開花ビル4F
TEL 03(5295)7723　FAX 03(5295)7725
http://www.kanzen.jp/
郵便振替　00150-7-130339
印刷・製本　株式会社シナノ

　ISBN 978-4-86255-345-4　Printed in Japan

定価はカバーに表示してあります。

本書に関するご意見、ご感想に関しましては、kanso@kanzen.jpまでEメールにてお寄せ下さい。
お待ちしております。

永遠に記憶される「あのシーズン」が蘇る 激動のノンフィクション

松本山雅劇場
松田直樹がいたシーズン

宇都宮徹壱　著
定価：1,600円（税別）

このクラブはなぜ、これほど多くの人々を魅了し、そして巻き込んでしまうのか？
本書では、映画「クラシコ」の原案となった『股旅フットボール』の著者であり、地域リーグやJFLなどの下部リーグ取材に定評のある宇都宮徹壱が、松本山雅FCの激闘の2011年シーズンを追ったノンフィクションである。

フットボールサミット第31回
雷鳥は頂を目指す

クラブは2015年に日本最高峰J1の舞台に登りつめました。クラブ創立50周年を迎え、クラブが目指す次なる頂について考察していく。

『フットボールサミット』議会　編
定価：1,300円（税別）

フットボールサミット第22回
松本山雅FC 街とともにつくる劇場

2012年にJ2へとステージを移し、2014年は反町康治監督がチームを率いて3シーズン目。地域と密接に関わるクラブはどのように発展したのかに迫る。

『フットボールサミット』議会　編
定価：1,300円（税別）

サッカー守備戦術の教科書
超ゾーンディフェンス論

日本サッカー協会技術委員が説く、ディフェンス論、守備のバイブル。守備の戦術とセオリーを知れば、日本サッカーはまだまだ強くなる!

松田浩、鈴木康浩　著
定価:2,300円（税別）